Andreas Ehrmantraut

W0195653

Selbst
Dachgeschosse
aus- und umbauen

Compact Verlag

© 2007 Compact Verlag München
Alle Rechte vorbehalten. Nachdruck, auch auszugsweise,
nur mit ausdrücklicher Genehmigung des Verlages gestattet.
Alle Angaben wurden sorgfältig recherchiert, eine Garantie
bzw. Haftung kann dennoch nicht übernommen werden.
Chefredaktion: Dr. Angela Sendlinger
Redaktion: Uta Lux
Produktion: Wolfram Friedrich
Titelabbildungen: Dörken, Herdecke (große Abb.), Rockwool, Gladbeck (kleine Abb.)
Umschlaggestaltung: Ingeborg Cisse

ISBN 978-3-8174-2198-5
2221985

Besuchen Sie uns im Internet: www.compactverlag.de

Ein Wort zuvor

Selbermachen – ein Hobby, das heute für Millionen zur sinnvollen Freizeitbeschäftigung geworden ist. Ob es sich nun um die gemietete Altbauwohnung oder um die eigenen vier Wände handelt, mit etwas Geschick und einer fachmännischen Anleitung lassen sich oft verblüffende Ergebnisse erzielen: bei kleineren Reparaturen, beim Renovieren und Verschönern und beim Um- und Ausbauen.

Und Selbermachen bringt Spaß. Freude an der eigenen Arbeit, deren Ergebnis man Tag für Tag sehen und »bewundern« kann; es spart Geld, mit dem sich lang gehegte Wünsche erfüllen lassen, und es macht unabhängig von Handwerkern, auf die man womöglich wochenlang und schließlich vergeblich gewartet hat.

Fachgeschäfte, Heimwerker- und Baumärkte versorgen den Hobby-Handwerker mit allen Werkzeugen und Materialien, die er braucht. Doch richtiges Werkzeug und Begeisterung allein reichen nicht aus. Unerlässlich sind eine gründliche Vorbereitung und Fachkenntnisse, wie eine Arbeit durchzuführen und was dabei zu beachten ist.

COMPACT PRAXIS **Selbst Dachgeschosse aus- und umbauen** zeigt, wie man's macht. Mit wertvollen Tipps und Tricks, die sich in der Praxis tausendfach bewährt haben. Jeder Arbeitsgang wird ausführlich Schritt für Schritt gezeigt und in Bild und Text erläutert. Übersichtliche Symbole zeigen auf einen Blick, mit welchem Schwierigkeitsgrad, welchem Kraft- und Zeitaufwand Sie bei jedem Arbeitsgang rechnen müssen, welche Werkzeuge Sie brauchen und wie viel Geld Sie durch Ihre eigene Arbeit einsparen können.

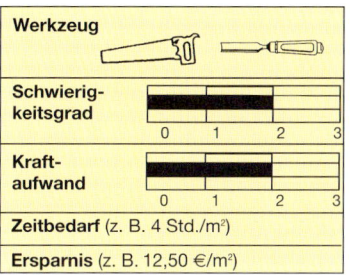

Und so stufen Sie sich richtig ein:

Schwierigkeitsgrad 1 – Arbeiten, die auch der Ungeübte ausführen kann. Es ist nur geringes handwerkliches Geschick erforderlich.

Schwierigkeitsgrad 2 – Arbeiten, die einige Übung im Umgang mit Werkzeug und Material erfordern. Es ist handwerklich durchschnittliches Geschick notwendig.

Schwierigkeitsgrad 3 – Arbeiten, die fachmännische Übung erfordern. Überdurchschnittliches Geschick ist erforderlich.

Kraftaufwand 1 – Leichte Arbeit, die jeder bequem erledigen kann.

Kraftaufwand 2 – Arbeiten, die eine gewisse körperliche Kraft voraussetzen.

Kraftaufwand 3 – Arbeiten für kräftige Heimwerker, die keine »Knochenarbeit« scheuen.

Inhaltsverzeichnis

Auf einen Blick

Fachkunde

Ist Ihr Dach zum Ausbau geeignet?	6
Was ist genehmigungspflichtig?	8
Wasser und Stromversorgung	9
Austausch oder Nachrüstung?	10
Ausbauschritte: Das kommt auf Sie zu	12
Notwendige Arbeiten vor dem Ausbau	14

Materialkunde

Dämmstoffe und ihre Eigenschaften	16
Systeme für den Innenausbau	18
Ausbau mit Mörtel und Kelle	21
Fenster und Gauben	22
Treppen nach Maß	24
Türrahmen und Türblätter	25
Wandbekleidungen	26
Bodenbeläge	27

Werkzeugkunde

Die wichtigsten Werkzeuge	28

Inhaltsverzeichnis

Grundkurse

Dachdämmung	30
Innendämmung für Giebelwände	34
Zuschnitt und Bearbeitung der Platten	36
Wand- und Deckenbekleidung	38
Trennwände errichten	40
Estrich: Nass oder trocken?	41
Mauern mit Dünnbettmörtel	42
Grundputz aufbringen	43
Installationen für den Badausbau	44

Arbeitsanleitungen

Wohnen unterm Walmdach	46
Trittschalldämmung einbauen	54
Eine Spindeltreppe einbauen	58
Dachflächenfenster fürs Kinderzimmer	62
Arbeitszimmer abtrennen	66
Türmontage selbst gemacht	70
Dachausbau mit Gipskarton	72
Wohnraum bis zur Firstspitze	77
Traumbad unterm Dach	90
Sachwortregister	95
Abbildungsverzeichnis	96

Ist Ihr Dach zum Ausbau geeignet?

Der Grundstein zum Gelingen jedes Bauvorhabens ist eine solide Planung. Zur unumgänglichen Klärung einiger grundsätzlicher Fagen kann es sehr nützlich sein, in dieser Phase die Hilfe eines Architekten oder sonstigen Baufachmanns in Anspruch zu nehmen.

Am Anfang steht die **Bestandsaufnahme** und **Schadensanalyse**: Von Insekten befallenes oder morsches Holz, verwitterte Dachziegel, defekte Dachabdichtungen oder auch Setzrisse in der Giebelwand sind Schäden, die vor dem Ausbau behoben werden müssen.

Drei unterschiedlich gut geeignete **Dachformen** zeigt die Zeichnung rechts: Das Satteldach **(1)** bietet in der Regel gute Voraussetzungen für einen Ausbau. Etwas ungünstiger ist die Situation beim Walmdach **(2)**: Seine allseitigen Schrägen vermindern den nutzbaren Raum. Licht und Luft können nur durch aufwendige Dachflächenfenster und Gauben ins Dachgeschoss gelangen. Grundsätzlich »ausbaufähig« ist dagegen das Mansarddach **(3)**.

Neben der Dachform ist vor allem die **Größe** des voll nutzbaren (mindestens 2 Meter hohen) Raums entscheidend: Die Grundfläche des Dachbodens kann hier täuschen **(4)**.

Bedenken Sie, dass durch Dämmung und Bodenaufbau noch bis zu 30 cm Raumhöhe verloren gehen können! Am besten lässt sich mit einer Gaube zusätzlicher Raum gewinnen **(5)**.

Auch die zimmermannsmäßige **Dachkonstruktion** kann die Ausbaumöglichkeiten einschränken: Störende Mittelpfosten, tief sitzende Kehlbalken oder Zangen, Querverstrebungen und Ähnliches mehr machen mitunter aufwendige konstruktive Änderungen erforderlich. Schließlich ist die Tragfähigkeit der Geschossdecke zu prüfen.

Ein zum Wohnraum ausgebautes Dach sollte durch eine nicht allzu steile **Treppe** von mindestens 80 cm Breite erreichbar sein. Will man im Dach nur Nebenräume entstehen lassen, kann auch eine Raumspartreppe genügen.

In bewohnten Dachräumen sollte die **Fensterfläche** etwa 10% der Grundfläche betragen (gerechnet ab 1,60 m Raumhöhe).

Wenn Sie im Dach neuen Wohnraum schaffen, müssen natürlich auch **Schall- und Wärmedämmung** den aktuellen Anforderungen genügen. Vor allem hinsichtlich der Wärmedämmung sind hier in der Regel aufwendige Baumaßnahmen erforderlich.

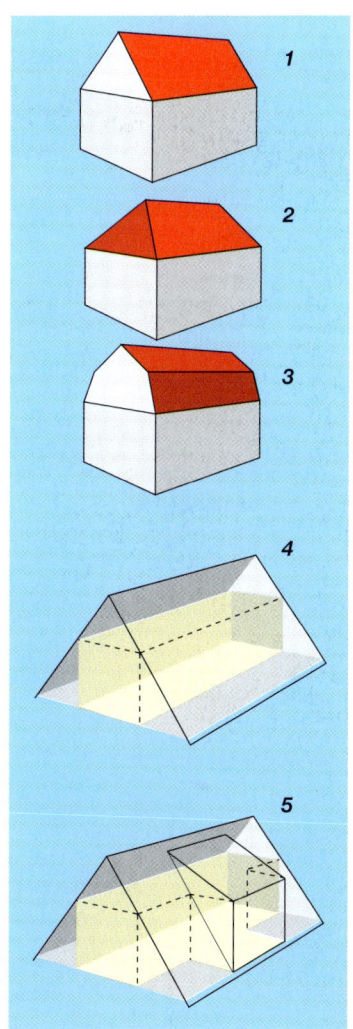

Was ist genehmigungspflichtig?

Nachweispflichtig: Rettungswege

Nachweispflichtig: Wärmeschutz

Nachweispflichtig: Brandschutz

Auch beim nachträglichen Dachausbau müssen die Bauvorschriften des jeweiligen Bundeslands beachtet werden. Darüber hinaus sind zum Teil noch Vorschriften der kommunalen Gestaltungssatzung und des Bebauungsplans zu erfüllen. Das heißt: In der Regel benötigen Sie für den Ausbau eine Baugenehmigung.

In manchen Bundesländern ist der Ausbau genehmigungsfrei, sofern es sich nur um einzelne Räume und nicht um eine komplette Wohnung handelt. Erkundigen Sie sich in jedem Fall bei der zuständigen Baubehörde. Entscheidend sind vor allem die folgenden Vorschriften, die in den Bauordnungen der Bundesländer allerdings variieren (vgl. Angaben in Klammern):

• Zwei Drittel (die Hälfte) der Grundfläche eines Dachraums muss eine lichte Höhe von 2,40 Metern (2,20 Metern) aufweisen.
• Zur ausreichenden Belichtung muss die Fensterfläche mindestens ein Zehntel (ein Achtel) der Raumgrundfläche betragen.
• Für die Tragfähigkeit der Geschossdecke muss ein Standsicherheitsnachweis vorliegen.
• Ausreichender Brandschutz muss zum einen durch Verwendung feuerhemmender Bauteile gewährleistet sein, zum anderen durch das Vorhandensein von mindestens zwei Rettungswegen – etwa einer ausreichend breiten, nicht zu steilen Treppe und einem als Notausstieg geeigneten Fenster.
• Die in den aktuellen Verordnungen festgelegten Mindestwerte für Schall- und Wärmeschutz sind einzuhalten.

Soll im Dachgeschoss eine eigene Wohnung entstehen, sind weitere Auflagen zu erfüllen: Diese betreffen unter anderem die Mindestflächen für Abstell- und Trockenräume, den Zugang sowie das Vorhandensein von Küche, Bad und Pkw-Stellplatz.

Profitipp
Nehmen Sie mit der zuständigen Behörde Kontakt auf, bevor Sie mit der konkreten Planung beginnen. Hier informiert man Sie gerne, welche Vorschriften zu beachten sind. So gewinnen Sie »Planungssicherheit« und sparen sich manchen Ärger bei der späteren Antragsbearbeitung.
Auch über Fördermöglichkeiten kann man Sie hier aufklären!

Wasser und Stromversorgung

1 Das Schnittbild zeigt, wie die **Hausentwässerung** funktioniert: Von den Verbrauchsstellen aus werden die **Anschlussleitungen** zur **Fallleitung** gelegt. Sie führt das Abwasser der **Grundleitung** zu. Damit im Leitungssystem kein Unterdruck entsteht, mündet das Fallrohr in einer **Lüftungsleitung**, die durch das Dach nach außen führt. Da Anschlüsse an die Fallleitung auch nachträglich erfolgen können, lässt sich beim Dachausbau zur Entwässerung einfach die Lüftungsleitung nutzen – sofern sie ausreichend dimensioniert ist.

Das **Trinkwasser-Leitungssystem** gliedert sich in die *Steigleitungen*, die das Wasser vom Hausanschluss zu den einzelnen Stockwerken transportieren, und die *Stockwerksleitungen*, in denen es dann zu den Verbrauchs-stellen geführt wird. Die traditionelle Kupferrohr-Installation sollten Sie einem Fachmann überlassen: Eine einzige »kalte« Lötstelle kann schlimme Folgen haben! Eine Alternative für Heimwerker ist die Installation mit Kunststoffrohr, das man von der Rolle verlegt und mit Schraubfittings verbindet (S. 45). Da Dachgeschosse meist mit Ständerwänden ausgebaut werden, können Entwässerungs- und Trinkwasserleitungen zwischen den beiden Wandschalen verlegt werden.

2 Für den Sanitärbereich gibt es auch die Möglichkeit der Vorwandinstallation mit speziellen Vorwandmodulen.

Überlegen Sie bei der Planung der **Elektroinstallation** genau, wie Sie Ihre Räume ausstatten wollen. Benötigen Sie nur Lichtleitungen und Steckdosen, oder soll auch ein Telefonanschluss verlegt werden? Wo man die Leitungen nicht durch bestehende Leerrohre ins Dachgeschoss führen kann, bleiben zwei Alternativen: Entweder Sie stemmen Schlitze für die Unterputzverlegung, oder Sie entscheiden sich für eine Aufputzinstallation, bei der man die Leitungen in Kabelkanälen auf der fertigen Wand oder am Anschluss Wand/Boden verlegt.

Sicherheitstipp

Ihr Einsatz bei der Elektroinstallation sollte sich – wenn überhaupt – auf die Herstellung der Wandschlitze und das Verlegen von Kabeln beschränken. Führen Sie keinesfalls Tätigkeiten aus, bei denen Sie direkt mit Strom in Berührung kommen. Strom ist lebensgefährlich!

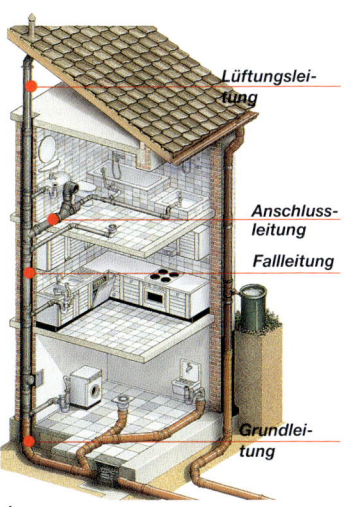

1

Lüftungsleitung

Anschlussleitung

Fallleitung

Grundleitung

2

Austausch oder Nachrüstung?

Nicht selten ist ein Ausbauvorhaben der Anlass für die Modernisierung der alten, unwirtschaftlichen und vielleicht auch ökologisch bedenklichen Anlage durch eine Energie sparende Niedertemperatur- oder Brennwertheizung. Aber Vorsicht: Bei der Umstellung auf solche Geräte muss in der Regel auch der Schornsteinquerschnitt durch Einsetzen eines Innenrohrs aus Keramik oder Edelstahl reduziert werden. Nur dann kondensieren die kühleren Abgase nicht bereits unterwegs und führen so zur Versottung des Schornsteins. Eine solche Kaminsanierung kostet in der Regel zwischen 2 000 und 4 000 DM. Immerhin wird die Heizungsmodernisierung in den meisten Ländern und Kommunen öffentlich gefördert. Erkundigen Sie sich bei den zuständigen Stellen.

Wer es sich zutraut, kann die neue Heizung sogar selbst installieren: Es gibt mittlerweile eine ganze Reihe

Profitipp
Die Frage der Heizungsinstallation sollte am Anfang Ihrer Ausbauplanung stehen. Lassen Sie sich von einem Fachmann beraten: Er kann das optimale Heizkonzept ermitteln und die Wärmebedarfsberechnung erstellen.

von Anbietern für Selbstbauheizungen. Diese Firmen übernehmen Planung, Materialanlieferung, Baubetreuung und Abnahme, während die arbeits- und damit kostenintensive Installation (nach Anleitung) in Ihrer Hand bleibt.

Lassen Sie sich aber vor Vertragsabschluss unbedingt Referenzobjekte in Ihrer Nähe nennen, oder erkundigen Sie sich bei den Verbraucherverbänden nach der Seriosität des betreffenden Anbieters. In jedem Fall sollten Sie sich parallel von einem Installateur ein Angebot machen lassen: Oft ist er nur unwesentlich teurer. Außerdem können Sie auch mit ihm absprechen, welche Arbeiten Sie (nach seiner Anleitung) selbst ausführen.

Da beim Trockenausbau unter dem Dach Leitungen und Kabel meist problemlos im Drempelbereich, Unterboden oder Wandhohlraum der Ständerwände verlegt werden können, geht dieser Teil der Installation recht schnell von der Hand. Er kann auch von einem geübten Laien bewältigt werden: Verwenden Sie Kunststoffrohre oder Aluminium-Kunststoff-Verbundrohre, die einfach von der Rolle verlegt, passend zugeschnitten und mittels Klemmverbindungen verschraubt werden

(vgl. S. 45). Kupferrohre müssen dagegen verlötet werden: eine Arbeit, die Sie schon aus Gewährleistungsgründen einem Fachmann überlassen sollten.

Bei der Montage der Heizkörper und bei der Rohrisolierung können Sie dann wieder Lohnkosten sparen. Auch Fußbodenheizungen sind problemlos selbst zu verlegen.

1 Sofern die Kapazität Ihrer Heizung für die Versorgung der zusätzlichen Räume ausreicht, bietet sich eine **Erweiterung** der vorhandenen Anlage an. Allerdings müssen dabei die Heizungsrohre (Vor- und Rücklauf) meist durch das darunter liegende Stockwerk ins Dachgeschoss gelegt werden.

Beim Austausch und bei der Erweiterung sollten Sie überlegen, ob Sie den Warmwasserbedarf nicht über eine dezentrale Warmwasserversorgung – etwa einen elektrischen Durchlauferhitzer – abdecken. So werden Leitungsverluste vermieden und die Rohrinstallation vereinfacht.

2 Vor allem wenn Sie mit Gas heizen, ist der Einbau einer **zusätzlichen Gas-Etagenheizung** häufig die einfachste und wirtschaftlichste Lösung beim Dachausbau. Heiz- (nur Heizung) oder Kombithermen

(Heizung und Warmwasser), wie man sie für eine Etagenheizung benötigt, können direkt im Dachgeschoss eingebaut werden. Die kompakten Geräte passen zur Not sogar in einen Küchenoberschrank. Neben raumluftabhängigen Geräten, die an einen Kamin angeschlossen werden müssen, gibt es auch Außenwandthermen, bei denen Verbrennungsluft und Abgase durch die Außenwand abgeleitet werden – ein Kamin ist dann nicht erforderlich.

Auch **elektrische Raumheizungen** sind beim Dachausbau eine bedenkenswerte Alternative. Moderne Elektroheizgeräte, so genannte Wärmespeicher, sind preiswert in der Anschaffung und in der Installation. Trotz raffinierter elektronischer Steuerungen sind die Verbrauchskosten allerdings höher als bei Gas oder Öl. Außerdem lassen sie sich schlechter regeln. Für nur kurzzeitig beheizte Räume wie Bäder oder Hobbyräume eignen sich auch Direktheizgeräte.

Sicherheitstipp

Elektrische Heizungen und Warmwasserbereiter benötigen nur einen Stromanschluss. Die Verlegung von Rohren und Ähnlichem ist deshalb nicht erforderlich. Trotzdem sollten Sie hier nicht selbst aktiv werden: Überlassen Sie Montage und Stromanschluss in jedem Fall einem Fachmann.

1

Elektronischer Durchlauferhitzer: warmes Wasser ohne Leitungsverluste

Elektrische Speicherheizung: günstig in der Anschaffung, einfacher Einbau

Direktheizungen: Alternative für Räume mit kurzzeitigem Heizungsbedarf

2

Ausbauschritte: Das kommt auf Sie zu

Wenn Ihr Dachgeschoss alle wichtigen Ausbaukriterien erfüllt, bleibt noch eine Frage: Trauen Sie selbst sich den Ausbau zu?
Eines vorab: Ganz ohne Profis geht es nur selten. Aber ein einigermaßen geschickter Heimwerker kann durch Eigenleistung an richtiger Stelle weit über die Hälfte der Baukosten sparen. Erfahrungsgemäß neigen viele künftige Bauherren dazu, den Zeitaufwand für die eigene Arbeit zu unterschätzen. Ohne Helfer aus dem Bekannten- oder Verwandtenkreis ist ein solches Projekt kaum zu bewältigen.

Überlegen Sie in jedem Fall genau, bei welchen Arbeiten sich Ihr Einsatz wirklich lohnt und welche Gewerke Sie besser dem Fachmann überlassen. Oft können Sie mit dem jeweiligen Handwerker auch »Hand in Hand« arbeiten, indem Sie ihm einfache, aber lohnintensive Arbeitsschritte abnehmen. Einen Überblick über die wichtigsten Gewerke eines Dachausbaus bietet die Zeichnung rechts.

Normalerweise beginnt die Baumaßnahme mit dem Einsetzen zusätzlicher **Fenster**. Bei geschickter Planung können Sie bereits hier bares Geld sparen: Fenster in den Giebelseiten sind preiswerter und einfacher einzubauen als Dachflächenfenster. Letztere sollten – bei ausreichend großen Sparrenfeldern – so dimensioniert werden, dass sie zwischen zwei Sparren passen: Das vereinfacht den Selbsteinbau beträchtlich. Besonders reizvoll, aber sehr aufwendig ist der Einbau von **Gauben**: Bei diesem grundsätzlich genehmigungspflichtigen Eingriff in die Dachkonstruktion sollten Sie in jedem Fall einen Profi einschalten.

Auch bei den notwendigen **Installationen** können Sie Geld sparen: Planen Sie Räume mit Wasseranschluss möglichst so, dass sie aneinander angrenzen und durch gemeinsame Ver- und Entsorgungsleitungen erreichbar sind. Bei allen Installationsmaßnahmen ist die arbeitsintensive Leitungsverlegung ohne weiteres in Eigenleistung möglich: Anschluss und Abnahme sollten Sie aus Sicherheits- und Gewährleistungsgründen einem Fachmann überlassen (vgl. S. 9–11).

Gegebenenfalls müssen nun die Giebelwände verputzt werden. Dies kann konventionell durch das Aufbringen eines Innenputzes geschehen oder mithilfe der Trockenputztechnik, die auch in Eigenleistung möglich ist: Dabei werden möglichst großformatige Gipsplatten direkt auf die Wände geklebt und verspachtelt.

Ob Sie die **Treppe** zum Dachgeschoss selbst aufstellen können, hängt unter anderem vom Grundriss und von der Deckenkonstruktion ab. Wenn die Durchgangsöffnung ohne größere Eingriffe in die bestehende Decke integriert werden kann, ist die Selbstmontage durchaus möglich.

Die nächsten Bauabschnitte sind dann die eigentliche Domäne des Heimwerkers: Bei den nicht allzu komplizierten, aber sehr zeitintensiven Arbeiten ist eine Menge Geld einzusparen. Sie beginnen mit der **Dämmung der Decken und Schrägen**, für die es verschiedene Verfahren und Materialien gibt. In der Regel ist nach der Wärmedämmung der Einbau einer Dampfbremsfolie erforderlich.

Anschließend müssen die Dachflächen mit **Ausgleichslattung** und **Beplankung** versehen werden. Zu diesem Abschnitt gehören gegebenenfalls auch die Bekleidung des **Drempels** und der **Zwischendecke**.

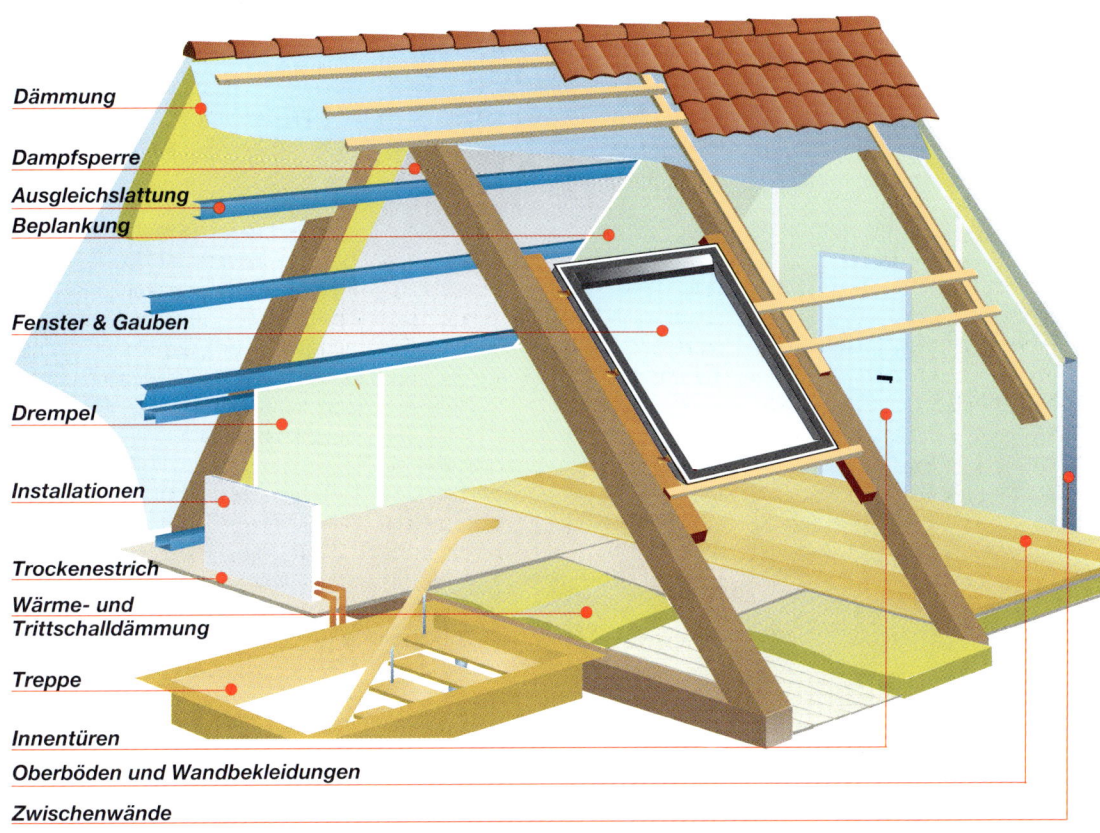

Dämmung

Dampfsperre

Ausgleichslattung

Beplankung

Fenster & Gauben

Drempel

Installationen

Trockenestrich

**Wärme- und
Trittschalldämmung**

Treppe

Innentüren

Oberböden und Wandbekleidungen

Zwischenwände

Der nun folgende **Unterboden-aufbau** dient der Erstellung eines ebenen Unterbodens und der Tritt-schalldämmung. Hierfür gibt es spezielle Trockenestrichsysteme, die ein einigermaßen versierter Heimwerker ebenfalls ohne Profi-

hilfe verarbeiten kann. Allerdings muss zuvor in jedem Fall die Deckenstatik geprüft worden sein. Als Nächstes steht – gegebenen-falls – die Errichtung von **Zwi-schenwänden** an: Dank moder-ner, heimwerkerfreundlicher Mate-

rialien und Systeme können Sie auch hier auf Profihilfe verzichten. Das Gleiche gilt schließlich für den letzten Arbeitsschritt, die **Gestal-tung der Wände**, das **Verlegen der Oberböden** und den Einbau der **Innentüren**.

Notwendige Arbeiten vor dem Ausbau

1

2

3

Vor allem bei älteren Häusern ist vor einem Dachausbau erst einmal eine Bestandsaufnahme erforderlich: Häufig sind einige grundlegende Sanierungsmaßnahmen nötig, die nach einem Ausbau nicht mehr oder nur noch mit großem Aufwand erfolgen können. Hier ist von Fall zu Fall zu entscheiden, ob Eigenleistung wirklich möglich ist und ob sie sich lohnt.

1 Prüfen Sie die Dacheindeckung und den darunter befindlichen Aufbau. Im hier abgebildeten Fall hilft nur eine Grundsanierung: Die Biberschwanzziegel sind mürbe und brüchig, die Dachlatten sind teilweise faul und statt mit einer Dämmung sind die Sparrenzwischenräume mit Bimssteinen ausgemauert. Grundsätzlich können Sie die lohnintensiven Abbrucharbeiten selbst ausführen – vorausgesetzt, Sie sind schwindelfrei, tragen Schutzkleidung und lassen ein Schutzgerüst aufstellen. Auch das Einbringen einer Dämmung von außen ist für einen geübten Heimwerker zu bewältigen. Die Dacheindeckung sollten Sie allerdings einem Fachmann überlassen.

2 Auch das Gebälk muss – von innen oder von außen – einer intensiven Prüfung unterzogen werden:

Schädlingsbefall oder Feuchtigkeit können die Standfestigkeit der tragenden Teile beeinträchtigt haben, sodass einzelne Hölzer oder aber auch der komplette Dachstuhl zu erneuern sind. Hier ist Eigenleistung nur dann sinnvoll, wenn Sie bereits Erfahrung mit Zimmermannsarbeiten und das erforderliche Werkzeug besitzen.

3 Mitunter ist sogar die Giebelwand alter Häuser aufgrund von Feuchteschäden nicht mehr standfest genug und muss erneuert werden. Achtung: nicht einfach draufloshämmern! Das Dach muss vorher abgestützt und die neue Wand statisch berechnet werden.

4 Nicht jeder Dachboden ist statisch für die Benutzung als Wohnraum ausgelegt. Vergewissern Sie sich, ob die Deckenbalken eine ausreichende Tragfähigkeit besitzen. Sind keine Pläne vorhanden, hilft mitunter nur eine Begehung mit einem Baustatiker.

Abgesehen von diesen regelrechten Sanierungarbeiten können weitere konstruktive Änderungen erforderlich werden, um den nutzbaren Dachraum zweckmäßig zu gestalten oder zu vergrößern.

5 Manchmal werden Arbeiten an der Decke erforderlich, auch wenn sie grundsätzlich trägt – etwa die Herstellung oder die Vergrößerung von Deckendurchbrüchen für die Treppe. Es empfiehlt sich, solche Arbeiten frühzeitig auszuführen, weil man hier Überraschungen erleben kann und weil z. B. nach Betonierarbeiten 30 Tage Aushärtezeit zu berücksichtigen sind.

6 Wenn wie hier ein Querträger in Kopfhöhe den Nutzraum teilt, sind konstruktive Änderungen zweckmäßig, die von einem Statiker berechnet werden müssen. In der Regel können die Lasten auf andere Weise „verteilt" werden. Mitunter muss dazu anstelle von Holzkonstruktionen ein geschweißter Stahlrahmen eingepasst werden.

7 Im hier gezeigten Fall war es möglich, die Lasten auf andere Weise abzuleiten.

8 Ein Teil der Lasten kann mitunter durch einen entsprechend dimensionierten Drempelaufbau aufgefangen werden.

9 Auch für große Dachausschnitte – hier eine Gaube – ist mitunter eine statische Berechnung nötig.

4

7

5

8

6

9

Dämmstoffe und ihre Eigenschaften

Mineralwolle

Die Industrie hat eine Reihe von Dämmstoffen entwickelt, mit denen Sie Ihr Haus rundum warm einpacken können. Das Maß für die Dämmeigenschaften dieser Materialien ist der **U-Wert**. Generell gilt: Je niedriger dieser Wert, desto besser die Wärmedämmung.

Je nach Einsatzgebiet spielt auch das Brandverhalten der Dämmstoffe eine Rolle. Wie alle Baustoffe teilt man deshalb auch die Dämmstoffe in die verschiedenen **Brandschutzklassen** ein:
A1/A2 = nicht brennbar;
B1/B2 = schwer entflammbar.

Hinsichtlich ihrer stofflichen Beschaffenheit kann man Dämmstoffe in drei Gruppen unterteilen:

Matten und Filze lassen sich auf Grund ihrer Flexibilität gut einpassen, können jedoch keine tragenden Funktionen übernehmen. Sie werden bevorzugt zur Wärmedämmung von Dachschrägen, Decken und Wänden eingesetzt.

Plattendämmstoffe finden ebenfalls Verwendung in diesem Einsatzbereich. Da sie in der Regel über eine höhere Druckfestigkeit verfügen, können sie darüber hinaus aber auch als tragende Unterkonstruktion an Wand und Boden eingesetzt werden. Um die fugenlose Verlegung zu erleichtern, sind solche Dämmplatten häufig mit Nut und Feder ausgestattet.

Schüttungen (Flocken oder Körner) sind zwar sehr effektiv, lassen sich aber nur bei luftdichten zweischaligen Konstruktionen in Wand, Dachschrägen und Decken einbringen. Schüttungen aus Zellulose und Kork können zudem nur vom Fachmann und mit Spezialgeräten verarbeitet werden.

Neben dieser Untergliederung kann man Dämmstoffe auch hinsichtlich des verwendeten Materials unterscheiden:
Hartschaum-Dämmstoffe aus **Polystyrol**, **Polyurethan** und **Phenolharz** (0,025–0,045, Brandschutzklasse B1 und B2) gibt es als Platten, Blöcke und Formteile. Sie sind preiswert, feuchtigkeitsunempfindlich und hochwärmedämmend. Aufgrund ihrer Steifigkeit ist allerdings das fugenfreie Einbringen mitunter nicht ganz einfach.

Mineralfaser-Dämmstoffe (0,035–0,045; Brandschutzklasse A1/A2) aus Glas- oder Steinwolle

wolle sind preiswert und leicht zu verarbeiten. Sie werden als Filze, Matten, Rollen, Platten und als Stopfwolle angeboten. Dank ihrer Faserstruktur wirken sie zugleich schalldämmend. Mitunter nachteilig ist die Nässeempfindlichkeit der Mineralfaser-Dämmstoffe.

Ökotipp
Seit langem standen Mineralfasern im Verdacht, Krebs zu erzeugen. Inzwischen bieten einige Firmen jedoch Fasern mit erhöhter Biolöslichkeit an, bei denen nach heutigem Kenntnisstand eine Krebsgefährdung ausgeschlossen ist.
Zum Schutz Ihrer Gesundheit sollten Sie nur Produkte kaufen, bei denen der Hersteller diese höhere Biolöslichkeit garantiert.

Zunehmend gefragt sind natürliche Dämmstoffe: Dazu zählen Matten, Vliese und Filze aus **Schafwolle** (0,040–0,045), **Baumwolle** (0,040) und **Kokosfasern** (0,045 bis 0,050), Platten und Schüttungen aus **Zellulose** (0,040–0,045) und **Kork** (0,040–0,055). Bei vergleichbaren Dämmeigenschaften sind diese Produkte allerdings meist deutlich teurer als konventionelle Dämmstoffe. Außerdem bieten sie

Blähperlit

Schafwolle

Zellulose

Verbundplatten

sie einen geringeren Brandschutz (B2). Die Ausnahme: Schüttungen aus dem Vulkangestein **Perlit** (0,045–0,060) und aus **Blähton** (0,070–0,100). Sie gehören zur Brandschutzklasse A1.

Eine Schnittstelle zwischen Dämmstoff und Trockenbauplatte bilden **Holzfaserplatten** (0,045–0,06; B2)

und **Holzwolle-Leichtbauplatten** (0,090–0,150; B1). Sie werden verwendet als wärmedämmende Unterkonstruktion für Schrägen, Wände und Decken und sind hervorragend als Putzträger geeignet. Holzwolleplatten gibt es ebenso wie Gipsbauplatten als **Verbundelemente** mit aufgeklebter Mineralfaser- oder Polystyrolplatte.

Systeme für den Innenausbau

Der Klassiker unter den Ausbauplatten ist die **Gipskartonplatte**. Sie besteht aus einem Gipskern, der mit Karton ummantelt ist. Die meisten Platten haben auf der Sichtseite eine abgerundete Längskante, die das Verspachteln der Fugen erleichtert. Für Feuchträume gibt es die grünen, kernimprägnierten **Feuchtraumplatten**. **Feuerschutzplatten** bestehen aus Spezialgips, der von einem nicht brennbaren Vlies umschlossen ist.

Die gängigsten Plattendicken:
- 9,5-/10-/12,5-mm-Platten: Standardplatten für alle Wand- und Deckenflächen.
- 15-/18-mm-Platten: gängige Maße vor allem für Feuerschutzplatten.
- 20-/25-mm-Platten: »Massivbauplatten« und »Paneelplatten« für Wände, Decken und Schrägen bei erhöhten Anforderungen an Wärme-, Schall- und Brandschutz.

Die meist 200 oder 250 cm langen Platten werden in den Breiten 60/62,5 oder 125 cm angeboten. Erhältlich sind auch **Verbundplatten** mit Mineralwolle- oder Hartschaumkaschierung.

> **Profitipp**
> Immer häufiger findet man das Kleinformat 100 x 150 cm: Mit diesen handlichen Platten können Sie auch ohne einen Helfer ihre Decken oder Schrägen beplanken.

Gipsfaserplatten werden aus Gips und Altpapierfasern gepresst. Sie besitzen keine Ummantelung und werden nur mit umlaufend scharfen Kanten angeboten. Grundsätzlich kommen sie für die gleichen Einsatzbereiche infrage wie Gipskartonplatten. Da sie schwerer und homogener als Gipskartonplatten sind, erreichen sie bessere Schalldämmwerte und ermöglichen das Aufhängen leichter Lasten mittels Schrauben. Plattendicken: 10/12,5/15/18 mm. Formate: 124,5 x 254/275/300 cm.

Spezielle Platten bzw. Elemente verwendet man zur Herstellung von **Trockenestrichen**. Hier sind zwei Systeme üblich:
- Die 20–25 mm dicken Trockenestrichelemente bestehen meist aus 2–3 versetzt aufeinander geklebten Gipsfaserplatten. Auch hier gibt es Verbundausführungen mit einer Dämmschicht aus Polystyrol.
- Das zweite System besteht aus Einzelplatten, die in zwei Lagen aufeinander gelegt werden (übliches Plattenmaß: 12,5 x 1250 x 900 mm).

Systemkomponenten Wand
Gipsplatten können beim Bau von Vorsatzschalen oder Zwischenwänden auf Unterkonstruktionen aus Holz oder Metallprofilen aufgeschraubt werden. Bei den **Metallprofilen** unterscheidet man UW-Profile zum Aufbau der Grundkonstruktion und CW-Profile, die als Ständer in die UW-Profile eingesteckt werden. Ein **Dichtungsband** sorgt für die Entkopplung zwischen dem Profil und dem Raumanschluss. Zur Plattenmontage verwendet man **Schnellbauschrauben**, die es für Befestigungen in Holz und Metall gibt. Das Verspachteln der Schraubstellen und Fugen erfolgt mit **Fugenspachtelmasse**. Für Decken- und Wandanschlüsse gibt es **Trennwandkitt** aus der Kartusche. Gipsplatten kann man auch direkt auf die Wand kleben (Trockenputztechnik). Bei ebenen Wänden wird dezu einfach die Fugenspachtelmasse aufgezahnt. Bei unebenen Wänden verwendet man **Ansetzgips**, den man in Batzen auf die

Platte aufbringt. Zur Montage von Sanitärobjekten und anderen schweren Lasten gibt es **Traversen** und **Tragständer**, die Sie in die Metallunterkonstruktion einsetzen, aber auch zur Vorwandinstallation verwenden können. Zum Türeinbau sind **Türsturzprofile** und **Stahlzargen** erhältlich.

Systemkomponenten Decke

Auch hier können die Platten direkt auf eine Holzunterkonstruktion (Lattung und Konterlattung) aufgeschraubt werden. Zur Abhängung der Holzkonstruktion gibt es **Direktabhänger**: u-förmig abgekantete Lochbleche, die einen schnellen Niveauausgleich ermöglichen. Noch einfacher ist die Deckenmontage mit **Metallunterkonstruktionen**. Die »Lattung« erfolgt hier mit CD-Profilen. Zur Abhängung gibt es verschiedene **Abhängesysteme** (Direktabhänger, Noniusabhänger, Schnellabhänger). Zur Verbindung von Grund- und Traglattung sind **Profilverbinder** erhältlich.

Systemkomponenten Schräge

Auch hier sind Holz- und Metallunterkonstruktionen möglich. Das Verwenden von Direktabhängern erleichtert den Niveauausgleich.

Unterkonstruktion aus Holz

Abhängesystem für die Decke

Perlcon-Board für feuchte Einsätz

Mit Metallständern: Trennwand

Spezialplatten für Trockenestriche

Hartschaum-Ausbauplatten

Systemkomponenten Boden

Trockenestrichsysteme sind gerade für den Heimwerker eine gute Alternative zum konventionellen Zementestrich. Sie sind einfach einzubauen, erreichen allerdings nicht ganz so gute Trittschalldämmwerte. Die Elemente können direkt auf den Rohfußboden gelegt werden. Als Trennlage ist das Auslegen einer **PE-Folie** ratsam. Zur Verbesserung der Schall- und Wärmedämmung und für den Niveauausgleich gibt es **Trockenschüttungen** aus Perlit. Zur Entkopplung des schwimmenden Estrichs von den Wandanschlüssen sind **Randdämmstreifen** aus Mineralfaser oder Polystyrol erforderlich. Die Platten werden in der Regel verleimt und verschraubt. Zum Verleimen der Platten bzw. der Nut-Feder-Verbindung gibt es spezielle **Unterbodenkleber**. Die Fugen zwischen den Platten füllt man mit **Fugenspachtelmasse**. Für die dauerelastische Anschlussfuge zur Wand benötigen Sie **Silikon** oder **Acryl** aus der Kartusche.

Neben den Gipsplatten gibt es eine Reihe anderer Plattenwerkstoffe, die im Trockenbau allgemein oder für spezielle Aufgaben Verwendung finden:

Hartschaumplatten mit einer beidseitigen Glasgewebekaschierung werden vor allem in Feuchträumen eingesetzt. Da sie selbst größere Lasten vertragen, sind sie auch für konstruktive Aufbauten (Podeste, Regale) geeignet. Die Platten können auf Decke, Wand und Boden verklebt oder verschraubt werden. Plattendicken: 6, 10, 20, 30, 40 und 50 mm.

Ebenfalls für den Feuchtraumbereich (Vorsatzschalen, Trennwände und Trockenestriche) wurde das so genannte **Perlcon-Board** entwickelt. Es besteht aus zementgebundenem Perlit-Gestein und ist rundum mit einem Gewebe verstärkt. Auch diese Platte kann im Klebeverfahren oder auf einer Unterkonstruktion verarbeitet werden.

Holzwolle-Leichtbauplatten (mit oder ohne aufgeklebte Dämmschicht) sind im Innenausbau vor allem als Putzträgerplatten beliebt. Das Gleiche gilt für **Holzfaser-** und für **Zelluloseplatten**, die darüber hinaus sehr gute Dämmeigenschaften besitzen. Bei Trockenestrichaufbauten kommt auch häufig die **Fußbodenverlegeplatte aus Span** (mit Nut und Feder) zum Einsatz.

Zunehmender Beliebtheit im Innenausbau (Dach, Wand und Boden) erfreut sich die so genannte **OSB-Platte**, eine Grobspanplatte, die aufgrund ihrer großen Tragfähigkeit auch sehr gut für konstruktive Aufgaben einsetzbar ist. OSB-Platten werden in verschiedenen Dicken und Ausführungen (imprägniert, Nut-Feder-Kanten etc.) angeboten.

> ### *Sicherheitstipp*
> Decken und Wände trocken ausgebauter Räume besitzen einen Hohlraum hinter der Ausbauplatte. Wer hier mit den für massive Bauteile üblichen Dübeln arbeitet, riskiert das Ausreißen der angehängten Lasten. Verwenden Sie also nur Befestigungsmittel, die für die Hohlraummontage geeignet sind. Die wichtigsten davon sind unten abgebildet: Federklappdübel (1); Metall-Hohlraumdübel (2); Universaldübel (3); Gipskartondübel (4).

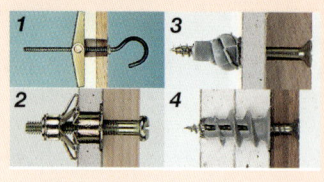

Ausbau mit Mörtel und Kelle

Zum Aufmauern von Innenwänden sind folgende Steinarten besonders geeignet:

1 Leichtlangloch- oder **Leichthochlochziegel** bieten gute Schalldämmung und wirken feuchte- und wärmepuffernd. Sie können konventionell und mit Dünnbettmörtel aufgemauert werden.

Kalksandstein-Bauplatten und **-Planblocksteine** haben hervorragende Schalldämmeigenschaften. Auch sie können im Dünnbett vermauert werden. Traditionell aufgemauert wird das **KS-Sichtmauerwerk**, das sich beim Kellerausbau als Zeit sparende Alternative zur verputzten Wand anbietet.

Leichtbetonsteine und **-wandbauplatten** sind preiswert und relativ leicht. Auch hier gibt es Steine, die im Dünnbettverfahren verarbeitet werden können.

2 Porenbetonsteine und **-platten** sind ideal für den Innenausbau: Sie haben ein geringes Gewicht, lassen sich mit einer einfachen Handsäge zuschneiden und besitzen außerdem eine hohe Maßhaltigkeit. Sie werden ausschließlich mit Dünnbettmörtel verklebt.

1

2

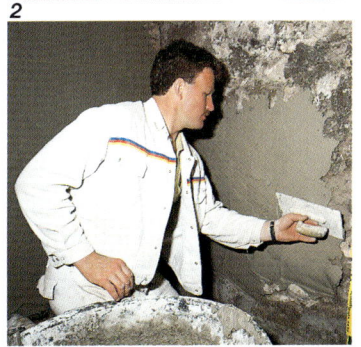

3

Als **Mauermörtel** für Innenwände können Sie Kalkmörtel (Mörtelgruppe I) oder Kalkzementmörtel (Mörtelgruppe II, IIa) verwenden. Für kleinere Bauvorhaben gibt es fertige Trockenmischungen. Kalkmörtel ist geschmeidiger und einfacher zu verarbeiten, benötigt aber eine längere Abbindezeit und ist nicht sehr druckfest.

Aufgrund der unterschiedlichen Saugwirkung sind bei den **Dünnbettmörteln** für jede Steinart spezielle Rezepturen erforderlich.

3 Putzmörtel bestehen wie Mauermörtel aus Bindemitteln und Zuschlagstoffen. Auch sie werden als Trockenmischungen angeboten. Für den Innenausbau, vor allem das Verputzen der Giebelwände, kommen reine Gipsmörtel, Gipskalkmörtel und – speziell bei Feuchträumen – Kalkmörtel infrage. Schlecht haftende sowie zu stark oder zu schwach saugende Untergründe müssen vor dem Verputzen mit einem so genannten Spritzbewurf vorbereitet werden.

Mauern und Verputzen sind handwerklich anspruchsvolle Arbeiten, die nur von wirklich geübten Laien selbst ausgeführt werden sollten.

Fenster und Gauben

Fenster: Große Vielfalt

Ökotipp

Holzfenster (und -türen) werden immer noch sehr häufig aus Tropenhölzern wie Meranti oder Mahagoni gefertigt. Damit Sie nicht den Raubbau in den Regenwäldern fördern, sollten Sie sich nach Möglichkeit für eine einheimische Holzart (z. B. Fichte oder Kiefer) entscheiden. Bei guter Verarbeitung und richtiger Pflege sind diese Hölzer ebenso haltbar wie exotische Arten.

Damit Sie bei der Auswahl Ihrer Giebelfenster nicht den Durchblick verlieren, hier eine Übersicht über das Angebotsspektrum.

Verglasungsarten: Aufgrund des hohen Preises nur noch selten zu finden, sind **Verbundfenster (1)** unübertroffen hinsichtlich Schall- und Wärmedämmung. Sie bestehen aus 2–3 Scheiben. Ihr zweiteiliger Rahmen ermöglicht große Abstände zwischen den Scheiben.
Auch **Isolierglasfenster (2)** bestehen aus 2-3 Scheiben, die allerdings in einen einteiligen Rahmen eingesetzt sind. Durch spezielle Wärmeschutzgläser und eine Edelgasfüllung des Scheibenzwischenraums kann ihre Dämmwirkung noch verbessert werden.
Einfachglasfenster (3) sollten heute nur noch in unbeheizten Räumen Verwendung finden.

Rahmenarten: Die relativ preiswerten **Kunststoffrahmen** der neueren Generation sind weitgehend verwindungssteif, lichtecht und wartungsfrei. Auch hinsichtlich Schall- und Wärmeschutz erzielen sie recht gute Ergebnisse. Wer sich für Kunststofffenster entscheidet, muss allerdings etwas breitere Rahmenprofile in Kauf nehmen.
Holzrahmen sind stabil, besitzen eine gute Wärme- und Schalldämmung, müssen aber regelmäßig gestrichen werden.
Aluminiumrahmen sind zwar relativ teuer, aber aufgrund ihrer Maßhaltigkeit und Verwindungssteifigkeit besonders dicht gegen Schlagregen, Zugluft und Schall. Nicht ganz so gut schneiden sie in puncto Wärmedämmung ab. Auch sie bedürfen regelmäßiger Pflege.
Verbundrahmen (z. B. Aluminium und Holz) nutzen durch geschickte Kombination die Vorteile der verschiedenen Werkstoffe.

Öffnungsarten: Der **Dreh-/Kippflügel (4)** ist die gebräuchlichste Öffnungsart. Häufig findet man auch **Doppel-Drehflügel (5)**. Weniger beliebt sind **Schwingflügel (6)** und die senkrecht drehenden **Wendeflügel**. Bei den abgebildeten DIN-Symbolen zeigt jeweils die

Verglasungsarten

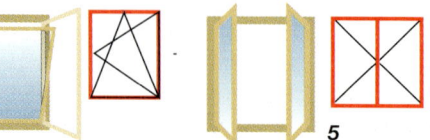

Verschiedene Öffnungsarten von Wohnraumfenstern

Spitze des Dreiecks die Öffnungsrichtung des Flügels an. Bei Schwing- und Wendeflügeln deuten zwei kleine Striche die Drehachse des Fensters an.

Größen und Ausführungen: Neben maßgefertigten Fenstern in allen Größen und Formen gibt es auch wesentich preiswertere Fertigfenster. Überlegen Sie auch, ob Ihr Fenster durch senkrechte Pfosten oder waagerecht verlaufende Kämpfer unterteilt werden soll, und ob Sie es mit Sprossen ausstatten wollen. Diese können als echte glasteilende Sprossen ausgeführt werden, aber auch von innen und/oder außen aufgeklebt sein.

Dachflächenfenster gibt es in vielen Größen und Ausführungen. Das Rahmenmaterial ist in der Regel ein Holz-Aluminium-Verbund. Auch stahlverstärkte Kunststoffprofile sind erhältlich. Besonderen Wert sollten Sie auf Wämedämmung und Sonnenschutz legen, da die Sonneneinstrahlung aufgrund der Dachneigung deutlich stärker ist als bei senkrecht stehenden Fenstern: Neben einer Wärmeschutzverglasung gibt es hier u. a. außen liegende Rollläden oder innen liegende Rollos mit Reflekti-

Fertiggaube

onsbeschichtung. Weiteres Zubehör: fest stehende Zusatzrahmen, Aufkeilrahmen für flache Dachneigungen und Innenfutter. Unbedingt empfehlenswert, wenn Ihr Dach mit einer Dampfbremsfolie unterhalb der Sparren ausgestattet werden soll, sind spezielle Folienschürzen zur dampfdichten Anbindung.

Neben dem einfachen Schwingfenster, das in geöffnetem Zustand nur bedingt Ausblick gewährt, gibt es auch raffiniertere Lösungen wie das Klappschwingfenster, das sich nach außen aufklappen und um die Mittelachse schwenken lässt.

Dachflächenfenster

Eine **Gaube** bringt nicht nur Licht, sondern auch Raumgewinn. **Fertiggauben**, die es in vielen Ausführungen und Ausbaustufen gibt, sind nur bei größeren Projekten eine wirtschaftliche Alternative zur **zimmermannsmäßigen Anfertigung**. Bei der Errichtung einer einzelnen Gaube macht der Aufpreis für die Einzelanfertigung und die Notwendigkeit eines Krans die Ersparnis durch die industrielle Vorfertigung zunichte. Egal, ob vorgefertigt oder individuell erstellt: Das Aufstellen und Eindichten einer Gaube sollten Sie dem Fachmann überlassen.

Treppen nach Maß

Spindeltreppe (maßgefertigt)

Spartreppe (Bausatz)

Nach dem Gesetz handelt es sich bei Treppen, die in Wohnräume führen, um **notwendige Treppen**, die als Rettungswege tauglich sein müssen. Unter anderem gibt es Vorschriften über die Mindestbreite einer solchen Treppe (80 cm). Gerade bei Dachausbauten akzeptieren die Behörden häufig aber auch engere Lösungen. Allerdings sollten Sie sich die Aufstiegsarbeit so bequem wie möglich machen. Bedenken Sie, dass vielleicht auch einmal größere Möbelstücke u. Ä. zu transportieren sind! Nur falls wirklich kein Platz vorhanden ist, sollten Sie auf eine so genannte Spartreppe zurückgreifen.

Gerade Treppen sind preiswert, leicht zu erstellen und vereinfachen den Transport größerer Gegenstände. Sie benötigen aber eine rund 400 cm lange Grundfläche.

Bei **gewendelten Treppen** lässt sich der verfügbare Raum besser ausnutzen: Eine Viertelwendelung am Antritt etwa ermöglicht den Treppenansatz in einer Raumecke. Häufig baut man bei gewendelten Treppen ein Zwischenpodest ein.

Wendeltreppen verlaufen um einen Freiraum im Treppenzentrum.

Spindeltreppen wendeln sich dagegen um einen geschlossenen Kern, in der Regel das Standrohr. Wendel- und Spindeltreppen benötigen wenig Platz und bieten meist eine interessante Optik. Allerdings können über solche Treppen kaum noch große Gegenstände transportiert werden.

Steigung (Stufenhöhe), Auftritttiefe und Treppenbreite bestimmen die Bequemlichkeit des Aufstiegs. Ideal ist eine Steigung von etwa 18 cm, ein Auftritt von 29 cm und eine Treppenbreite von mindestens 90 cm. Nur wenn der Platz dafür nicht ausreicht, sollten Sie sich für eine schmalere und steilere **Spartreppe** entscheiden. Die Extremform ist hier die so genannte Sambatreppe mit wechselweise ausgeklinkten Stufen.

Fertig- und Bausatztreppen sind in den verschiedensten Größen und Ausführungen erhältlich. Am häufigsten findet man Holz- und Stahl-Holzkonstruktionen.

Profitipp
In jedem Fall sollten Sie vor dem Kauf einer Spartreppe die Genehmigung der Baubehörde einholen.

Türrahmen und Türblätter

Designtür mit Futter und Bekleidung

Türblätter: Aufwendig und damit auch teurer sind **Rahmentüren**: Ihre Rahmen haben Nuten oder Falze, in denen Holz- oder Glasfüllungen sitzen.

Standardinnentüren sind die **Sperrtüren** mit glattem Türblatt und Deckfurnier. Entscheidend ist hier der Aufbau der Mittellage. Einfache Ausführungen haben eine Mittellage aus Kartonwaben. Stabiler sind Türblätter mit Röhrenspanstegen. Daneben gibt es auch die robusten, aber schweren Blätter mit Vollspanplatten-Einlage. Sehr guten Schallschutz bieten Mittellagen aus Röhrenplatten.

Wichtige Angaben beim Kauf:
- **Türblatthöhe/Baurichtmaß** (lichte Höhe der Wandöffnung). Normmaße: 198,5/200 cm.
- **Türblattbreite** (gängige Maße siehe Zeichnung; in Klammern das jeweils entsprechende Baurichtmaß).
- **Mauerstärke:** Gängige Maße (inkl. Putz): 10/12,5/14,5/16,5/ 20,5/27 cm.
- **Öffnungsrichtung:** Entscheidend ist, wo bei geschlossener Tür die Bänder sichtbar sind. Bei einer »rechten Tür« befinden sie sich auf der rechten Seite und umgekehrt.

Da es heutzutage Standardmaße für Innentüren gibt, kann man sie in aller Regel fertig kaufen und in die Wandöffnung einsetzen.

Türrahmen: Fertigtüren werden meist komplett mit **Futter und Bekleidung** angeboten: Das Futter sitzt in der Wandöffnung, die Bekleidungen umfassen die Türlaibung. Bei **Blendrahmentüren** sitzt der Türrahmen vor der Wandöffnung. **Stahlzargentüren** gibt es mit in der Laibung sitzenden Umfassungszargen und mit vorgesetzten Eckzargen.

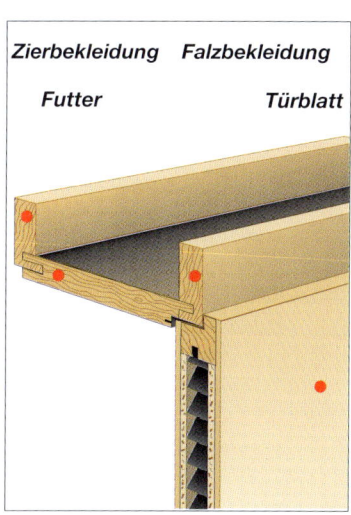

Zierbekleidung   Falzbekleidung

Futter   Türblatt

Futtertür im Schnitt

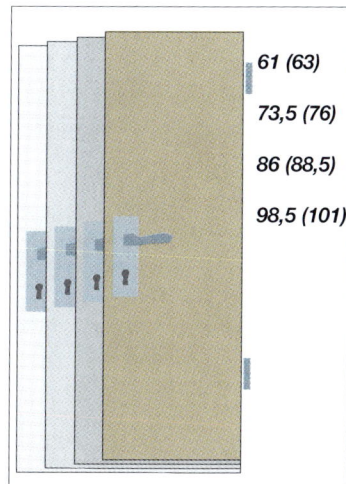

61 (63)

73,5 (76)

86 (88,5)

98,5 (101)

Türblatt- und Baurichtmaße (cm)

Wandbekleidungen

Preiswert: Papierprägetapeten

Große Dekorvielfalt: Paneele

Klassiker unterm Dach: Profilholz

Ökotipp

Dispersionsfarben für Innenwände werden in den verschiedensten Qualitäten angeboten. Kaufen Sie nur Produkte, die wasch- oder scheuerbeständig nach DIN 53778 und vor allem lösemittelfrei sind.

Tapeten

Neben der guten alten Raufaser haben sich heute zwei weitere überstreichbare Wandbeläge etabliert: Die Papierprägetapete – vor allem dank ihrer großen Mustervielfalt – und die Glasfasertapete, die durch ihre Gewebestruktur mit wandverfestigenden Eigenschaften aufwartet.

Das Spektrum an Tapeten reicht von der einfachen Papiertapete über strapazierfähige Vinyl- und Schaumvinyltapeten bis hin zu exklusiven Textil-, Gras- und Metalltapeten. Auch Korktapeten sind wieder modern.

Dekorputze

Ein echtes Heimwerkerprodukt sind die dünnschichtig aufzubringenden Dekorputze auf Mineral- oder Kunstharzbasis.

Reibeputze werden nach dem Aufbringen einfach auf Kornstärke abgezogen und anschließend mit einem Kunststoffreibebrett strukturiert. Roll- und Kellenputze haben kein Korn und können nach dem Aufziehen mit den verschiedensten Hilfsmitteln (z. B. Kelle, Spachtel oder Pinsel) modelliert werden.

Keramische Beläge

Dank moderner Dünnbettkleber können heute auch Wandfliesen von einem einigermaßen geschickten Heimwerker verlegt werden. Die Haupteinsatzgebiete dieses Wandbelags sind natürlich Badezimmer, Küche, Wirtschafts- und Hobbyräume.

Profilholz und Paneele

Profilholzbretter bestehen aus massivem Holz und besitzen an den Längskanten Nut und Feder. Paneele bestehen meist aus Holzwerkstoffen (Span, MDF) und sind mit einem Furnier oder einer Dekorfolie ummantelt. Auch sie gibt es in Nut-Feder-Ausführung, aber auch mit umlaufender Nut und losen Federn.

Profilbretter und Paneele werden mit Klammern oder Nägeln auf einer Lattenunterkonstruktion befestigt. Da man sie mithilfe einer Konterlattung auch direkt auf die Sparren setzen kann, sind sie beim Dachausbau sehr beliebt.

Bodenbeläge

Elastische Bodenbeläge

Teppichboden ist immer noch der meistverlegte Bodenbelag für Wohnräume. Während Naturfaserböden oft pflegebedürftig sind, ist der aus Kunstfasern bestehende Velours-Teppichboden nahezu unverwüstlich. Kunststoffböden aus PVC sind preiswert, langlebig und aufgrund ihrer Dekorvielfalt universell einsetzbar. Sie sind als Bahnenware und als Fliesen erhältlich. Elastische Beläge werden entweder mit Spezialklebern vollflächig verklebt oder mit doppelseitigen Klebebändern fixiert.

Ökotipp

Seit kurzem gibt es eine Alternative zu den ökologisch nicht ganz unbedenklichen PVC-Böden: Beläge auf Polyolefin-Basis. Sie sind allerdings nicht ganz so robust. Umweltfreundlicher sind auch die »natürlichen« Beläge Kork und Linoleum.

Holzböden

Fertigparkett besteht aus einer versiegelten Nutzschicht, einer Mittellage und einer Absperr- und Gegenzugschicht aus Weichholz oder Holzwerkstoff-Platten. Für die Nutzschicht finden die verschiedensten Holzarten Verwendung: Empfehlenswert sind Harthölzer wie Eiche, Esche, Buche oder Ahorn, die den Alltagsbelastungen gut standhalten. Die Nutzschicht sollte mindestens 3 mm dick sein, damit man den Boden später noch abschleifen kann. Einen ähnlichen Aufbau wie Holzparkett hat Korkparkett.

Massivholzdielen neigen naturgemäß zu Schwund und Verwindungen. Sie werden deshalb nicht wie Fertigparkett schwimmend verlegt, sondern auf Lagerhölzer genagelt. Neu als Oberboden sind Grobspandielen aus OSB-Platten.

Laminat

Es besteht meist aus einer druckfesten Holzwerkstoffplatte, die mit einem Dekorpapier und einer extrem widerstandsfähigen Melaminharzbeschichtung versehen ist. Wie Fertigparkett werden die Laminatdielen schwimmend verlegt und in Nut und Feder verleimt.

Fliesen

Sie sind der wohl unempfindlichste Bodenbelag und längst nicht mehr nur in Bädern und Küchen zu Hause. Ihr Nachteil: Wenn sie nicht gerade auf einer Fußbodenheizung verlegt sind, bekommt man leicht »kalte Füße«.

Fußwarm: Korkparkett

Holzboden aus Grobspandielen

Die wichtigsten Werkzeuge

Auf diesen beiden Seiten finden Sie Kurzbeschreibungen der wichtigsten Werkzeuge, die Sie für den Aus- und Umbau von Dachgeschossen benötigen. Welche Werkzeuge Sie für einzelne Arbeitsanleitungen brauchen, ersehen Sie aus den Abbildungen unter der Rubrik »Werkzeug«, die Sie bei allen Arbeitsanleitungen finden.

Werkzeuge zum Messen und Richten

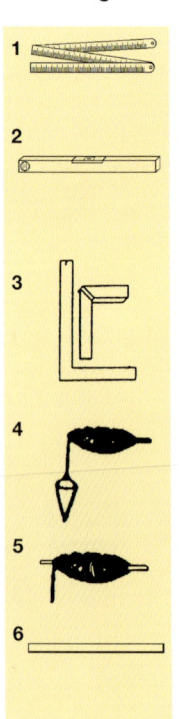

1 Metermessstab: Unverzichtbares Hilfsmittel bei Messarbeiten.

2 Wasserwaage: Zum vertikalen und horizontalen Ausrichten von Bauteilen und Wandbekleidungen; zum Nivellieren von Bodenaufbauten.

3 Winkelmaß und Schmiege: Zum winkelgenauen Ausrichten von Bauteilen und zum Ermitteln und Übertragen von Winkeln.

4 Senklot: Zum Ermitteln exakt senkrechter Anrisse und zum vertikalen Übertragen von Messpunkten.

5 Richtschnur: Zum Festlegen von Einbauhöhen und Fluchtlinien.

6 Abziehlehren: Zum planebenen Einbringen von Schüttgut und Ausgleichsmassen.

Werkzeuge zum Sägen und Schneiden

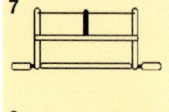

7 Holzsägen: Zum Zuschnitt von Holz- und Holzwerkstoffplatten, zum Ablängen von Latten, Dielen, Kanthölzern etc.

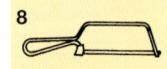

8 Metallsäge: Zum Ablängen und Auftrennen von Metallteilen.

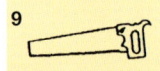

9 Porenbetonsäge: Zum Zuschnitt von Porenbetonsteinen.

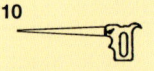

10 Lochsägevorsatz: Vorsatzgerät für die Bohrmaschine; zum Ausschneiden von Löchern in Plattenwerkstoffen.

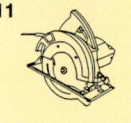

11 Elektrische Handkreissäge: Universalwerkzeug für gerade Zuschnitte in Plattenwerkstoffen und Kanthölzern.

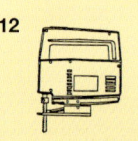

12 Elektrische Stichsäge: Zum Ablängen von Kanthölzern und Plattenwerkstoffen; besonders geeignet zur Herstellung von Schweifungen, Ausklinkungen und Ausschnitten.

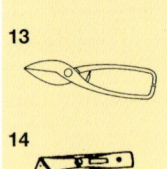

13 Blechschere: Zum Zuschnitt von Blechen und Blechprofilen.

14 Cutter: Zum Schneiden von Gipsbauplatten, Folien und Bodenbelägen.

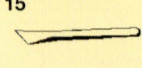

15 Meißel: Zum Abspitzen von Putzen und zur Herstellung von Schlitzen in Wänden und Decken.

Werkzeuge zum Montieren und Befestigen

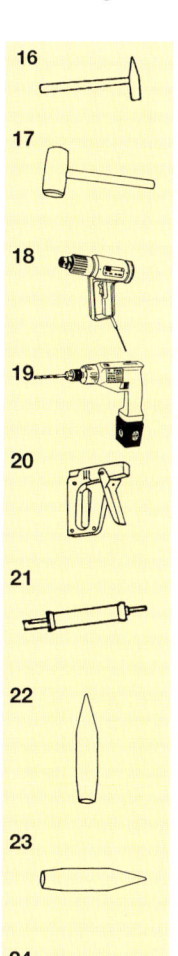

16 Hammer: Unverzichtbar zum Nageln, Meißeln und Stemmen.

17 Gummihammer: Zum Ausrichten, Zurechtrücken und Festklopfen von Bauteilen.

18 Bohrhammer/Schlagbohrmaschine: Zum Bohren in alle Materialien; bedingt auch zum Schrauben geeignet.

19 Akkuschrauber: Für Verschraubungen in allen Werkstoffen.

20 Tacker: Zum Befestigen von Folien und dünnen Plattenwerkstoffen auf Holzwerkstoff-Untergründen.

21 Nagelhalter: Unverzichtbar zum Einschlagen kleiner Stifte, etwa bei der Profilholzbekleidung.

22 Versenkstift: Zum Einsenken von Nagelköpfen, etwa bei der Verlegung von Dielenböden; auch als Nagelhilfe zu verwenden.

23 Zugeisen: Hilfsmittel beim Einschieben von Fertigparkett- und Massivholzdielen am Wandanschluss.

24 Kartuschenspritze: Hilfsmittel zum Ausdrücken von Silikon- und Kleberkartuschen.

Werkzeuge für den Nassausbau

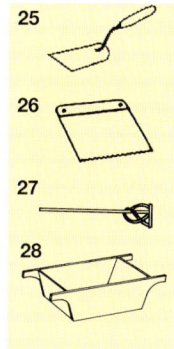

25 Maurerkelle: Zum Anmachen, Mischen und Verarbeiten von Mörtel.

26 Zahnspachtel: Zum Aufziehen von Dünnbettmörtel für Plattenwerkstoffe.

27 Rührstab: Vorsatz für die Bohrmaschine; zum Durchmischen von Mörtel und Kleber.

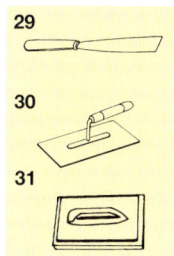

28 Mörtelwanne: Gefäß zum Anmachen von Mörtel und Kleber.

Werkzeuge für die Oberflächenbearbeitung

29 Spachtel: Zum Verspachteln von Fugen und Schraubstellen.

30 Glättkelle: Zum Glätten von Wandoberflächen mit Spachtelmassen und zum Aufziehen von Putzmörtel.

31 Schwammbrett: Zum Glätten von Putzen nach dem Abziehen.

Dachdämmung

1

Wärmedämmung ist angesichts der knappen Ressourcen und des Treibhauseffekts eine der wichtigsten Maßnahmen bei jedem Bauvorhaben. In der Energieeinsparverordnung sind die Mindestwerte für die Wärmedämmung von Gebäuden gesetzlich festgelegt. Auch beim Dachausbau müssen Sie diese Werte einhalten. Hierzu gibt es verschiedene Möglichkeiten.

Aufsparrendämmung

Am besten bringt man die Dämmschicht als Außenhaut rund um das Gebäude an – etwa als Wärmedämmfassade oder im Dachbereich als Aufsparrendämmung. Hier bildet die Dämmschicht eine durchgehende Ebene direkt unter der Dacheindeckung. Es gibt spezielle Systeme aus Hartschaum-Platten und -Formelementen sowie aus Mineralwolle.

1 Bei diesem System werden auf den verschalten Dachflächen in regelmäßigen Abständen druckfeste Mineralwollstreifen aufgenagelt. Die Zwischenräume füllt man dann mit Mineralwollmatten von der Rolle, sodass die gesamte Dachfläche mit einer durchgehenden Dämmschicht abgedeckt ist.

Bei Neubauten, oder wenn ohnehin eine neue Dacheindeckung ansteht, ist die Aufsparrendämmung die beste Lösung. Beim nachträglichen Ausbau aber wird man sich trotz der Vorteile nur selten für diese Dämmart entscheiden.

Zwischensparrendämmung

2 Dämmt man Wohnräume auf der Innenseite, entsteht ein Problem: Gelangt warme Luft aus dem Wohraum in den Bereich hinter der Dämmung, kühlt sie ab und es kommt zur Tauwasserbildung. Die allmähliche Durchfeuchtung des Baukörpers und der Dämmschicht

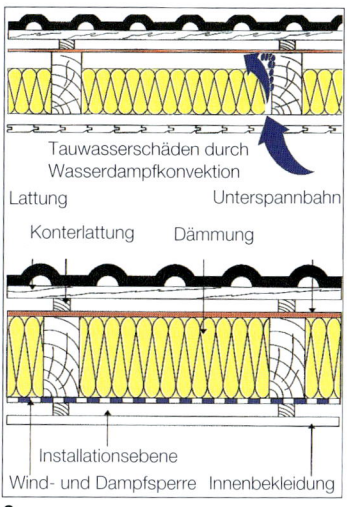

Tauwasserschäden durch
Wasserdampfkonvektion

Lattung   Unterspannbahn

Konterlattung   Dämmung

Installationsebene
Wind- und Dampfsperre Innenbekleidung

2

sind die Folge. Diesem Effekt begegnet man durch den Einbau einer Dampfsperre vor der Dämmung.

3 Die beim Dachausbau am häufigsten praktizierte Dämmung zwischen den Sparren ist prinzipiell eine Innendämmung; sie sollte mit einer Dampfsperre versehen werden.

Zwei Verfahren sind üblich: Zum einen das **Kaltdachprinzip**. Dabei soll zusätzlich zur Dampfsperre eine Hinterlüftung des Dachzwischenraums oberhalb der Dämmung die anfallende Feuchtigkeit

3

4

5

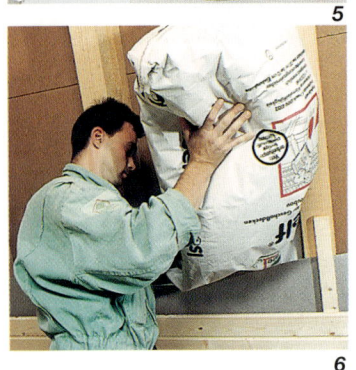

6

abtransportieren. Allerdings fällt dieser Bereich als Dämmebene weg. Angesichts der heute geforderten Dämmstoffdicken ist hier aber jeder Zentimeter wichtig. Dies ist einer der Gründe, warum das Kaltdachprinzip heute immer seltener angewendet wird.

Zweitens: das **Warmdachprinzip**. Hier verzichtet man auf die Hinterlüftung und verwendet dafür mehr Sorgfalt auf eine dichte Dampfsperre. Vorteil: Der Sparrenzwischenraum kann voll gedämmt werden.

Einbau der Dämmung

Bei der Zwischensparrendämmung geht es zunächst einmal darum, den Dämmstoff fugendicht in die Sparrenzwischenräume zu bringen.

4 Das geht am einfachsten mit faserigen Dämmmatten (Mineralwolle, Schafwolle, Baumwolle, Zellulose etc.). Am häufigsten wird die kostengünstige Mineralwolle eingebaut. Es gibt Spezialprodukte, die den passgenauen Einbau erleichtern: Die dreieckigen **Dämm-keile** legt man entsprechend der Breite des Sparrenfelds zusammen und schneidet die überstehenden Keilspitzen einfach ab.

Beim flexiblen **Klemmfilz** wird die benötigte Dämmstoffbreite (Sparrenfeld + 2 cm) von der Rolle geschnitten und zwischen die Sparren geklemmt.

5 Bei den steiferen Hartschaum-Dämmplatten ist das fugendichte Einbringen nicht ganz so einfach. Ihr Vorteil: Sie sind preiswert und feuchtigkeitsunempfindlich.

6 Bei diesem System füllt man den Hohlraum zwischen zwei Schalungen mit einer Perlitschüttung. Für die Dachspitze und schwer zugängliche Stellen gibt es spezielle Gebläse, die man leihen kann.

Untersparrendämmung

Früher war diese Dämmart sehr beliebt: Man montierte Verbundplatten unter die Sparren – fertig. Angesichts heute üblicher Dämmstoffdicken kommt die Untersparrendämmung nur noch als zusätzliche oder nachträgliche Dämmung infrage. Einfach zu verarbeiten ist das rechts gezeigte System:

7 Zuerst schraubt man so genannte Direktabhänger auf die Sparren. Bei der nachträglichen Zusatzdämmung kann dies sogar durch die vorhandene Bekleidung erfolgen.

8 Die Dämmmatten werden über die Schenkel der Abhänger gedrückt.

9 Nun können Sie Holzlatten oder Metallprofile einlegen, exakt ausrichten und an den Schenkeln der Direktabhänger verschrauben. Die überstehenden Schenkelenden biegen oder schneiden Sie zum Schluss einfach ab.

Einbau der Dampfsperre

Das A und O fürs Gelingen der Dachdämmung ist der fugenlose Einbau der Dampfsperre. Verwenden Sie bei der Sparrenvolldämmung nur die dafür zugelassenen, hochdampfdichten Folien.

10 Die Folie wird bahnenweise von oben nach unten an den Sparren festgetackert. Überlappungsbereiche, Tackerstellen etc. dichten Sie mit einem Spezialklebeband ab.

11 In den Anschlussbereichen (Giebelwand, Boden, Kehlbalken etc.) wird die Folie um die Ecke herumgeführt, auf ein spezielles Dichtband geklebt und mithilfe einer Anpresslatte fixiert.

12 Auch bei nachträglich eingebauten Dachfenstern muss die Folie fugenlos angeschlossen werden.

7

10

8

11

9

12

Innendämmung für Giebelwände

1

2

Oft ist die Außendämmung von Wänden nicht möglich oder mit einem zu großem Aufwand verbunden. In diesem Fall hilft nur die zweitbeste Lösung weiter: die Dämmung von innen. Die Innendämmung der Giebelwände ist vor allem beim Dachausbau häufig das Mittel der Wahl zur Komplettierung des Wärmeschutzes. Die zusätzliche Dämmung der oft dünnwandig aufgemauerten Giebelwände kann einiges zur Energieeinsparung beitragen.

Es gibt zwei Möglichkeiten, Wände zu dämmen: Die Errichtung einer Vorsatzschale oder den Trockenputz, also das direkte Aufkleben von Dämmplatten mittels spezieller Ansetzmörtel.

1 Zum Aufbau einer Vorsatzschale setzt man auf die bestehende Wand oder davor eine Unterkonstruktion aus Rahmenhölzern oder Metallprofilen. Diese dient der Befestigung einer zweiten Wandschale – meist aus Gipsplatten. Der Hohlraum zwischen den Wandschalen wird ausgedämmt.

Frei stehende Vorsatzschalen eignen sich hervorragend zur Begradigung unebenen Mauerwerks. Auch wenn neben der Dämmung noch Installationen eingebracht werden sollen, ist diese Technik ideal. Die Unterkonstruktion für eine frei stehende Vorsatzschale errichtet man aus Vierkanthölzern oder aus Metallprofilen. Die Konstruktionsweise des Metallständerwerks entspricht dem Aufbau einer Ständerwand (vgl. S. 66).

2 Nach dem Einbringen der Dämmung sollte auch hier eine Dampfbremsfolie verlegt werden. Danach können Sie das Ständerwerk mit Gipsplatten beplanken.

3 Noch einfacher ist die Montage der Vorsatzschale auf einer direkt in der Wand verdübelten Holzlattung. Abstand und Ausrichtung der Latten hängt dabei zum einen von den Maßen des verwendeten Dämmstoffs ab, zum anderen aber auch von der vorgesehenen Bekleidung. Übrigens können Sie anstelle von Gipskartonplatten auch andere Plattenwerkstoffe, Paneele oder Profilhölzer anbringen.

4 Verbundplatten – hier eine Gipsfaserplatte mit Polystyrolkaschierung – können mithilfe eines Ansetzmörtels auch direkt auf die Wand geklebt werden. Bei diesem so genannten Trockenputzverfahren wird der Mörtel in Batzen oder

Wülsten auf der Platte verteilt. Nach dem Ansetzen richtet man die Platten mit Gummihammer und Zulage lot- und fluchtrecht aus.

5 Auch Holzfaserdämmplatten eignen sich zur Innenwanddämmung. Diese Platten werden ebenfalls auf eine Unterkonstruktion geschraubt oder direkt geklebt. Allerdings ist ihre Dämmwirkung deutlich geringer.

Auch durch eine eventuell bestehende Decke zum Spitzboden kann Wärme verloren gehen. In der Regel wird man hier von oben dämmen. Ist dies nicht möglich, kann man auch die Decke abhängen. Die Dämmstoffe werden dann einfach vor dem Beplanken zwischen die Unterkonstruktion geklemmt. Übrigens: Dämmt man in einem Raum Wände bzw. Schrägen und Decke, beginnt man immer mit der Wand.

6 Ein weiteres Verfahren für Wand- und Deckenflächen ist die Direktmontage von Dämmplatten – hier aus Zellulose – mittels spezieller Dämmstoffdübel. Diese relativ festen Plattenwerkstoffe können dann direkt verputzt werden.

4

5

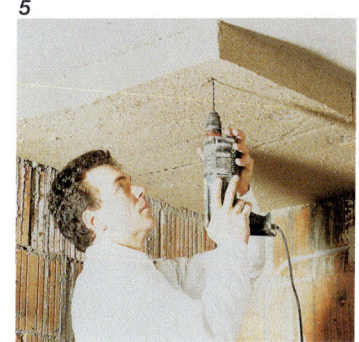

6

Profitipp
Wenn Sie Giebelwände oder Decken dämmen wollen, sollten Sie einen Dämmstoff mit faseriger Struktur wählen – zum Beispiel Mineralwolle. So können Sie nämlich neben der Wärmedämmung auch den Schallschutz erhöhen. Dämmplatten aus Polystyrol haben dagegen keine schalldämmende Wirkung – im Gegenteil. Unter bestimmten Voraussetzungen verschlechtern sie sogar die Schalldämmeigenschaften einer Wand.

3

Zuschnitt und Bearbeitung der Platten

1 Unschlagbar vielseitig und preiswert, schnell und einfach zu verarbeiten, unschädlich für Gesundheit und Umwelt: Gipskartonplatten sind ein rundum heimwerkerfreundlicher Baustoff. Zur Verarbeitung benötigen Sie weder tief schürfende Fachkenntnisse noch Spezialwerkzeug oder Schutzkleidung. Wie einfach der Umgang mit dieser Platte ist, zeigen die Fotos rechts.

2 Passstücke mit geraden Kanten können Sie mit einem Cutter zuschneiden. Durchtrennen Sie zunächst entlang eines Stahllineals o. Ä. den Karton auf der Sichtseite. Dann können Sie den Gipskern über eine Kante brechen. Nun muss mit dem Cutter noch der rückseitige Karton durchtrennt werden.

3 Geschwungene Schnittkanten oder Innenausschnitte kann man mit einer Stichsäge, einem so genannten Stichling oder einer feinzahnigen Säge herstellen. Diese Technik empfiehlt sich auch für Verbundplatten.

4 Spezielle Durchlässe für Steckdosen, Sanitärinstallationen, Leuchten u. Ä. kann man mit solch einem Lochsägeaufsatz herstellen.

1

5 Zum Glätten der Kanten dient ein Kantenhobel. Wer etwas Übung hat, kann die Kanten aber auch mit einem Cutter nachbearbeiten. Für das spätere Verspachteln ist es von Vorteil, wenn Sie die Sichtkanten leicht anschrägen. Übrigens: Verzweifeln Sie nicht, wenn die Zuschnitte nicht ganz exakt passen. Auch etwas größere Fugen lassen sich problemlos verspachteln.

Profitipp

Geschwungene Wände, abgerundete Ecken, Rundbögen an der Decke? Auch das geht. Entweder besorgen Sie sich die trocken biegbaren 6-mm-Spezialplatten, oder Sie bringen eine ganz gewöhnliche Standardplatte in Form: Legen Sie die Platte auf zwei Lattenstücke und durchlöchern Sie die Oberfläche mit einer Nadelwalze. Danach nässen Sie die Platte gründlich. Nach kurzer Weichzeit lässt sie sich über eine Schablone biegen und mit Klebeband fixieren. Dann lassen Sie sie trocknen. Herstellung der Schablone: Zwei Platten mit dem gewünschten Radius zuschneiden und mit Lattenstücken verbinden.

2

4

3

5

Wand- und Deckenbekleidung

1

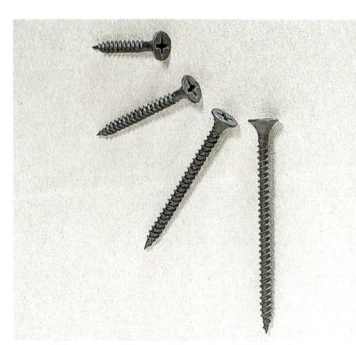

2

3

4

5

Wandbekleidungen mit Gipskarton können entweder auf einer Unterkonstruktion als **Vorsatzschale** erfolgen oder durch direktes Aufkleben als **Trockenputz**.

1 Beim Verschrauben auf Unterkonstruktionen sollten die Schraubabstände bei 12,5 mm dicken Platten maximal 25 cm an der Wand und maximal 17 cm an der Decke betragen. Sinnvoll ist hierbei ein mechanischer Einschraubtiefenbegrenzer, den es als Schraubervorsatz gibt. Er verhindert, dass sich die Schrauben zu weit in die relativ weichen Platten eindrehen.

2 Als Befestigungsmittel sollten Sie ausschließlich die speziell für diesen Einsatzbereich entwickelten, meist schwarz phosphatierten Schnellbauschrauben verwenden. Es gibt Sie für Holz- und für Metallunterkonstruktionen. Für die Befestigung von 12,5-mm-Platten in Holz werden Schrauben von 35 mm Länge verwendet, für die Befestigung in Metallprofilen gibt es 25 mm lange Schrauben.

3 Die Befestigung in Metallprofilen geht am besten mit einem schnelldrehenden Schrauber (mind. 2000 U/min). Gewöhnliche Akkuschrauber reichen hier in der Regel nicht aus.

4 Bei der Befestigung mit Ansetzbinder sind die einzelnen Batzen in Abständen von 30–40 cm zu setzen. Der Abstand zu den Plattenkanten sollte dabei nicht mehr als 5 cm betragen.

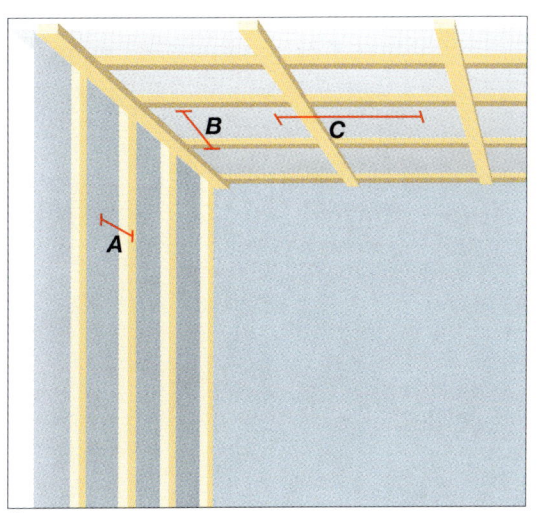

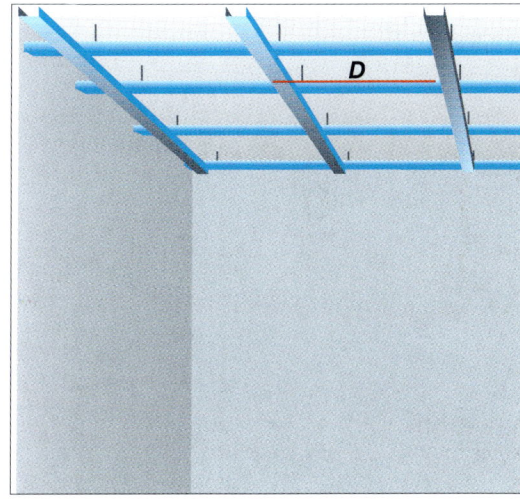

6

5 Egal, ob verschraubt oder geklebt: Vermeiden Sie Kreuzfugen, indem Sie die senkrechten Plattenstöße versetzen. Alle Schraubstellen und die Fugen zwischen den Platten werden mit einer Fugenspachtelmasse verspachtelt.

Ziehen Sie die Masse mit einem breiten, flexiblen Spachtel auf. Gegebenenfalls müssen Sie die Fläche nach dem Trocknen überarbeiten und schleifen. Für Außenecken gibt es Eckschutzprofile, die auch mit Spachtelmasse eingearbeitet werden. Anschlussfugen zu Wänden und Decken spritzen Sie mit Trennwandkitt aus.

Unterkonstruktionen aus Holz werden durch Unterlegen von Distanzstücken lot- und fluchtrecht ausgerichtet. Am einfachsten geht das mit speziellen Distanzklötzen aus Kunststoff.

Holz- und Metallkonstruktionen können aber auch mittels spezieller Abhänger ausgerichtet werden, die einen stufenlosen Niveauausgleich ermöglichen.

6 Alle Maße beziehen sich auf 12,5-mm-Platten. Die Abstandsmaße sind von Lattenmitte zu Lattenmitte berechnet. Es handelt sich um Grenzwerte, die nach unten auf das jeweilige Plattenmaß abgestimmt werden können.

Holzlatten sollten ein Querschnittmaß von 3 x 5 cm haben.
Wand: Der Abstand **A** sollte maximal 625 mm betragen, die Dübelabstände maximal 100 cm.
Decke (und Schräge): Der Traglattenabstand **B** sollte maximal 85 cm betragen (bei Metallprofilen max. 100 cm), der Dübelabstand höchstens 100 cm. Abstand **C** (zwischen den Grundlatten): maximal 50 cm. Abhänger sollten längs zur Traglattung mindestens alle 90 cm gesetzt werden (Abstand **D**).

Trennwände errichten

Wer ausbaut, braucht in der Regel auch neue Wände. Ideal sind hier so genannte Ständerwände mit Holz- oder Metallprofilen als Unterkonstruktion. Im Prinzip wird das Ständerwerk hier genauso wie bei Vorsatzschalen aufgebaut: Ein umlaufendes Rahmenholz bzw. UW-Metallprofil sorgt für einen saubeeren An- und Abschluss und nimmt die Ständer aus Rahmenhölzern oder CW-Profilen auf. Der Ständerabstand sollte maximal 62,5 cm betragen. Die Metallprofile sind in verschiedenen Breiten erhältlich, sodass Sie die Wanddicke und damit auch Schall- und Wärmeschutz individuell gestalten können.

1 Bei Wänden, die Abwasserrohre u. Ä. aufnehmen sollen, oder wenn Sie ein besonders hohes Schalldämmmaß erreichen wollen, empfiehlt sich der Aufbau eines doppelten Ständerwerks. Wie das Foto zeigt, können in Ständerwände auch ganz problemlos Tragständer und Traversen für Sanitärobjekte oder andere »schwer wiegende« Gegenstände integriert werden.

2 Auch Durchgänge und Türzargen sind kein Problem. Es gibt inzwischen sogar spezielle Unterkonstruktionen für Schiebetüren.

1

Profitipp

Zur Beplankung von Trennwänden können Sie statt der meist 12,5 mm dicken Baumarktplatten auch 20 oder 25 mm dicke Gipsplatten verwenden: Diesen Platten kann man einiges an Traglasten zumuten. Außerdem verbessern sie die Schalldämmung.

2

Estrich: Nass oder trocken?

Zementestrich ist wasserunempfindlich, hoch belastbar und besitzt aufgrund seiner Masse gute Schalldämmeigenschaften. Das hohe Gewicht kann allerdings beim Dachausbau Probleme bereiten, wenn die bestehende Decke für derartige Zusatzlasten nicht ausgelegt ist. Ein Nachteil des Nassausbaus ist die lange Trockenphase: Nach dem Estrichlegen muss man etwa 28 Tage warten, bis der weitere Bodenaufbau fortgeführt werden kann. Da das Estrichlegen einige Übung erfordert, sollten sich nur erfahrene Heimwerker an diese Arbeit heranwagen. Grundsätzlich sollten Sie den Estrich schwimmend verlegen: Die Estrichschicht wird dabei durch eine Dämmplattenunterlage und durch umlaufend verlegte Randdämmstreifen von den angrenzenden Bauteilen abgekoppelt. Dadurch vermeidet man Schall- und Wärmebrücken.

1 Damit der feuchte Estrich nicht in die Dämmlage dringt, wird diese zunächst vollflächig mit Folie abgedeckt. Nach dem Anbringen des Randdämmstreifens schüttet man dann den trocken eingestellten Estrichmörtel an, verteilt ihn grob im Raum und zieht ihn mit Streich-

brett und Wasserwaage eben ab. Zum Schluss erfolgt die Oberflächenglättung mit Reibebrett und Glättkelle. Es gibt auch Fließestriche auf Anhydritbasis, die mit einer Pumpe eingebracht werden und von alleine zu einer ebenen Schicht verlaufen.

Trockenestrichsysteme bestehen aus einzelnen Platten (Gips-, Span- oder OSB-Platten), die auf einer Dämmlage verlegt und miteinander verbunden werden. Die Elemente sind mit meist 20–25 mm nur halb so dick wie ein konventioneller Zementestrich. Gerade beim Dachausbau sind sie darüber hinaus aufgrund ihres geringeren Gewichts häufig das Mittel der Wahl.

2 Im hier gezeigten Beispiel bestehen die Trockenestrichelemente aus drei versetzt verleimten Gipsfaserplatten, die an den ineinander greifenden Falzkanten verklebt und verschraubt wreden.

3 Mit diesem Bodenaufbau erreichen Sie recht gute Trittschalldämmwerte. Zur Herstellung von Zuschnitten verwendet man Kreis- und Stichsäge. Je nach Oberboden sind die Fugen nach dem Verlegen noch zu verspachteln.

1

2

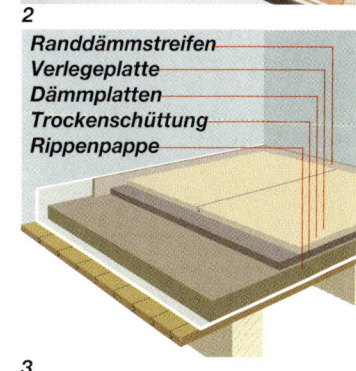

Randdämmstreifen
Verlegeplatte
Dämmplatten
Trockenschüttung
Rippenpappe

3

Mauern mit Dünnbettmörtel

1

2

3

4

Eine ganze Reihe von Mauersteinen werden mittlerweile mit einer so hohen Maßhaltigkeit hergestellt, dass sie mit Dünnbettmörtel fugenlos zu vermauern sind. Neben der Porenbeton- und Kalksandsteinindustrie haben heute auch die Ziegel- und die Leichtbetonhersteller solche Steine im Programm.
Für den Heimwerker bringt diese Technik natürlich entscheidende Vorteile: Er muss sich nicht um einheitliche Stoß- und Lagerfugen kümmern und das lot- und waagerechte Ausrichten erledigt sich (beinahe) von selbst.

1 Der Klassiker unter diesen heimwerkerfreundlichen Steinen ist Porenbeton. Er ist leicht und maßhaltig, besitzt glatte Oberflächen und kann von Hand mit einer Spezialsäge zugeschnitten werden.

2 Wie bei konventionellem Mauerwerk wird die erste Steinlage meist in ein normales Mörtelbett gesetzt, um eventuelle Bodenunebenheiten ausgleichen zu können. Auf Nummer sicher gehen Sie, wenn Sie darüber hinaus auch eine Bitumenbahn als Horizontalsperre gegen aufsteigende Feuchtigkeit unterlegen. Ausgerichtet werden die Steine mittels Richtschnur, Wasserwaage und Gummihammer.

3 Leichte Unebenheiten der einzelnen Lagen kann man mit einem Hobelbrett nivellieren. Diese einfache Bearbeitbarkeit hat Porenbeton allen anderen Mauersteinen voraus.

4 Der Dünnbettmörtel wird mit Wasser angerührt und mit einer Spezialkelle auf die senkrechten Stoß- und die waagerechten Lagerfugen aufgezogen: Die Kellen gibt es jeweils passend zur Steinbreite, sodass der Kleber nicht rechts und links der Steine »überlaufen« kann. Darüber hinaus besitzen sie eine Zahnung, die einen gleichmäßigen Mörtelauftrag gewährleistet. Nach dem Auftrag werden die Steine einfach ins Kleberbett gesetzt und mit dem Gummihammer ausgerichtet.

Grundputz aufbringen

Häufig sind Giebelwände auf ungenutzten Dachböden unverputzt. Neben den bereits dargestellten Trockenbautechniken kann man die Wände natürlich auch ganz konventionell verputzen.

Am einfachsten zu verarbeiten sind einlagige Gipshaftputze, die etwa 10 mm dick aufgetragen werden. Dabei bringt man den Putz mit einer Traufel auf und zieht ihn waagerecht und senkrecht mit einer Richtlatte oder einer so genannten Kartätsche ab. Fehlstellen werden sofort mit Mörtel gefüllt und erneut abgezogen. Die Schwierigkeit besteht gerade für den ungeübten Laien darin, den Putz eben an die Wand zu bekommen. Um dies zu erleichtern, kann man Putzlehren aus Holz o. Ä. verwenden. Diese werden vor dem Verputzen mithilfe so genannter Putzhaken so aufs Mauerwerk gesetzt, dass der Putz segmentweise über sie hinweg abgezogen werden kann. Danach entfernt man die Lehren und füllt die entstandenen Fugen auf.

1 Eine empfehlenswerte Alternative speziell für Heimweker sind solche Schnellputzleisten aus Metall: Sie müssen nach dem Abziehen des Putzes nicht mehr entfernt werden.

1

2 Putzlehre und Kantenschutz zugleich sind diese Eckschutzprofile. Auch Sie werden – am besten am Tag zuvor – mit Mörtel gesetzt und dann mit eingeputzt.

Nach dem Abziehen lässt man den Putz etwas ruhen. Wenn er abzubinden beginnt, wird er mit einem feuchten Schwammbrett durchgerieben, sodass er eine geichmäßig ebene und glatte Oberfläche bekommt. Schließlich zieht man ihn mit der Glättkelle noch einmal vorsichtig ab, um letzte Schlieren und die Spuren des Schwammbretts zu beseitigen.

2

Installationen für den Badausbau

1

2

3

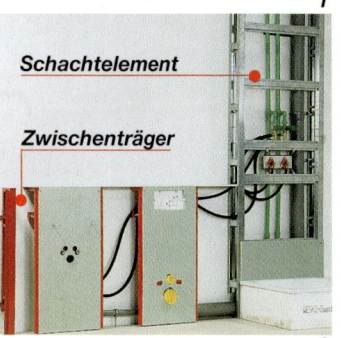

4

5

Neben den erwähnten raumhohen Installationswänden in Ständerbauweise finden Installationen auch in **Vorwandmodulen** Platz und Anschluss. Dieses Verfahren erspart ebenfalls das Schlitzestemmen, halbiert den Zeitaufwand und verursacht kaum Schmutz.

1 Beim hier gezeigten System gibt es spezielle Tragständer (Module) für Waschtisch, WC, Bidet und Dusche, die man einfach in eine durchlaufende Wandschiene einhängt, dann mit Stellschrauben ausrichtet und verdübelt. Die Montagesätze besitzen dabei alle nötigen Anschlüsse und Halterungen; die für die Beplankung mitgelieferten Gipskartonplatten sind bereits mit den nötigen Durchbrüchen versehen.

2 Da alle Rohre hinter den Modulfronten Platz finden, können Sie Ihr Bad unbhängig von den bestehenden Zu- und Ableitungen planen. Für Installationsschächte und zum Einbau von Duschen gibt es variable Schachtelemente.

3 Mit Zwischenträgern überbrückt man Modulabstände über 60 cm. Außerdem sorgen sie für einen sauberen Abschluss. Hier wird mit

Zwischenträgern und einer Armaturenplatte die Vorwandinstallation für eine Badewanne errichtet.

4 Nach der Rohrinstallation beplankt man die Module einfach mit passend zugeschnittenen Gipskartonplatten. Dann können Sie die Badewanne aufstellen.

Die Entwässerung erfolgt heute mittels **Kunststoff-Abwasserrohren**, die es in verschiedenen »Durchmesser-Nennweiten« (DN) gibt: Für Waschbecken brauchen Sie Rohre DN 40, für Spüle, Dusche, Badewanne und Waschmaschine DN 50–70 (je nach Leitungslänge bzw. Maschinengröße) und für WC-Anschlüsse DN 100. Je nach Einbausituation benötigen Sie neben geraden Rohrstücken auch Bögen, Abzweige und Reduktionsstücke.

5 Vom Sanitärobjekt aus wird mit etwa 2% Gefälle (2 cm pro m) die Anschlussleitung zum Fallrohr geführt und mit einem 88-Grad-Abzweig eingeleitet (Ausnahme WC: 45-Grad-Abzweig). Alle Elemente besitzen auf einer Seite eine Muffe mit Lippendichtung. Zur Verbindung werden Muffe und Rohrende mithilfe eines Gleitmittels zusam-

mengesteckt. An Werkzeug benötigen Sie eine feinzahnige Säge zum Ablängen und eine Feile zum Anschrägen der Schnittkante.

Für **Trinkwasserleitungen** gibt es das heimwerkerfreundliche »Rohr-in-Rohr-System«, das aus einem diffusionsdichten und glattwandigen Innenrohr und einem äußeren Schutzrohr umgeben ist. Die Verlegung ist denkbar einfach: Die Rohre werden von der Rolle verlegt und mit einer Spezialschere abgelängt.

6 Verbindungen erfolgen mit speziellen Messingfittings, die man einfach verschraubt.

7 Mit speziellen Adaptern lassen sich die Kunststoffrohre an bestehende Leitungssysteme aus Kupfer- oder Stahlrohr anschließen.

8 Das System umfasst auch die Anschlussdosen für die Montage in Installationswänden.

9 Am besten verlegen Sie die Leitungen stockwerkweise. Die durchgehenden Steigleitungen für Kalt- und Warmwasser münden in einem absperrbaren Etagenverteiler, von dem aus dann die einzelnen Armaturen versorgt werden.

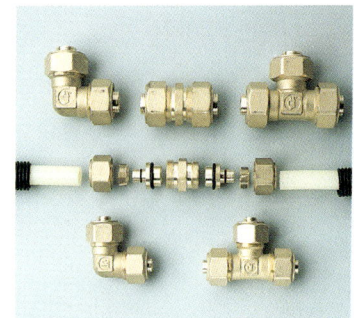

6

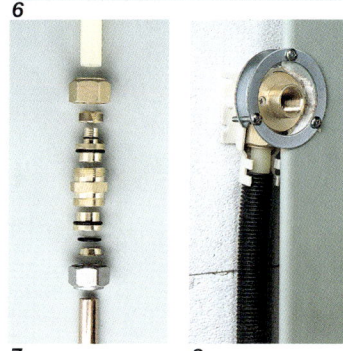

7   **8**

9

Wohnen unterm Walmdach

Material

Mineralwoll-Klemmfilz, Dampfsperre, Klebeband, Dichtungsband, Anpresslatten, Profilholz, Montagekrallen, Latten 30 x 50 mm, Direktabhänger, Spanplattenschrauben, Massivholzdielen, Fußboden-Abschlussleisten, Holzspan-Verlegeplatten, Weichfaser-Dämmplatten, Randdämmstreifen, Holzleim, Nägel.

Werkzeug

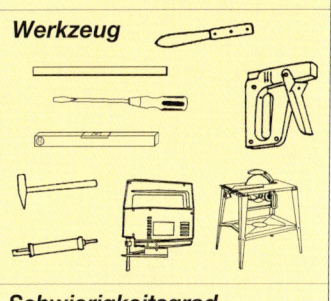

Schwierigkeitsgrad

Kraftaufwand

Arbeitszeit

Dämmung/Dampfsperre: 1 Woche
Wandbekleidung: 1 Woche
Bodenaufbau: 1 Woche

Ersparnis

Für Dämmung, Wand- und Bodenaufbau mindestens 5 100 € (Dachgröße: 60 m²)

Auf dem ungenutzten Dachboden sollte ein großzügiges Studio entstehen. Zuerst hatte der Bauherr seine Pläne mit einem Architekten durchgesprochen. Der sah keine grundsätzlichen Schwierigkeiten und stellte den Bauantrag bei der zuständigen Behörde. Nachdem man auch dort keine Einwände hatte, nahm der Bauherr die Sache in die Hand.

Aus Zeitgründen entschied er sich jedoch, die Vorarbeiten zu vergeben: Fenster- und Treppeneinbau, Heizungs- und Sanitärinstallation. Während die Handwerker loslegten, berechnete und bestellte der Bauherr das Material für Dämmung, Wandbekleidung und Bodenaufbau.

1 Als Dämmmaterial hat der Bauherr Klemmfilz aus Mineralwolle gewählt. Bei diesem Dämmstoff schneidet man die einzelnen Matten mit ungefähr 2 cm Übermaß zu, sodass sie sich regelrecht im Sparrenzwischenraum verklemmen. Die werkseitig aufgebrachten Teilungsstriche in 10-cm-Abständen erleichtern die Messarbeit.

2 Beim Einschieben drückt man den Klemmfilz leicht zusammen. Er sollte bündig mit der Sparrenvor-

1

2

4 Alte windschiefe Bretter deckten die Holzbalken des Dachbodens ab. Als sie entfernt wurden, stellte sich heraus, dass die Balkenzwischenräume völlig ungedämmt waren: Die Heizenergie aus dem Erdgeschoss war hier fast ungehindert abgeflossen. Mit einer dicken Lage Mineralwolle hat man den Missstand bereinigt.

Ökotipp
Auch wenn Sie Ihren Dachboden nicht ausbauen wollen, sollten Sie sich die Wärmedämmung der Decke einmal genauer ansehen. Wenn Sie ähnliche Verhältnisse vorfinden, können Sie durch Auslegen von Dämmmatten oder Einbringen einer Schüttung zwischen den Balken auf einfache Weise eine Menge Energie sparen!

3

derkante eingesetzt werden. Achten Sie auch auf fugenfreie waagerechte Stöße.

3 Auch die beste Dämmung wirkt nur, wenn sie lückenlos verlegt wird: Hitze, Kälte und Schall dringen auch durch kleinste Ritzen ein. Einzelne Kältebereiche innerhalb gedämmter Flächen sind zudem besonders tauwassergefährdet.

Einen begehbaren Unterboden hat der Bauherr dann durch das Aufschrauben von Holzspan-Verlegeplatten geschaffen. Davor ist jedoch eine Lattenunterkonstruktion zur Nivellierung erforderlich: Die Latten können Sie direkt auf den Deckenbalken befestigen. Mittels Richtlatte, Wasserwaage und Distanzklötzchen bringt man sie dabei auf ein Niveau.

4

5 Die **Dampfsperre** muss alle Innenflächen unterhalb der Dämmung lückenlos abdichten. Zwischen den Folienbahnen sorgt ein Klebeband für dichte Verhältnisse.

6 Für den Anschluss an Giebelwänden, Balken etc. eignet sich folgendes Verfahren: Vor dem Verlegen der Folie kleben Sie ein Dichtband aus Weichschaum in den Anschlusswinkel. Dieses Band quillt nach der Verlegung von selbst auf, sodass es auch größere Unebenheiten überbrücken kann. Dann setzen Sie die Folie an und fixieren sie mithilfe einer aufgeschraubten Anpresslatte.

7 Auch Balken, Stützen und Lüftungsrohre müssen Sie abdichten – gegebenenfalls durch exakt zugeschnittene Passstücke.

8 Achten Sie beim Verlegen auf ausreichende Überlappung. Auch der Bodenanschluss erfolgt mit Dichtband und Anpresslatte.

9 Nach dem Verkleben heften Sie die Folie mit Tackernadeln an.

10 Speziell im Bereich der Dachfenster ist die nahtlose Anbindung der Dampfsperre wichtig.

5

6

7

8

9

10

11

den, zweitens müssen Sie die Niveautoleranzen der Sparren ausgleichen. Das geschieht mithilfe einer Lattung, die quer zur Verlegerichtung der Profilhölzer verläuft. Man kann die Latten direkt auf die Sparren schrauben und durch Unterfüttern mit Keilen oder Distanzklötzchen auf ein einheitliches Niveau bringen. Diese Arbeit ist allerdings recht mühsam.

Ein einfacheres Verfahren ist die Abhängung der Latten mit Direktabhängern. Das sind u-förmige Lochbleche, die im Abständen von maximal 100 cm längs zum Lattenverlauf an den Sparren festgeschraubt werden.

13 Die Latten setzen Sie nun einfach zwischen die Schenkel der Abhänger und richten sie mithilfe einer Richtlatte aus. Anschließend verschrauben Sie sie von beiden Seiten. Die überstehenden Schenkelenden können Sie nach außen abknicken. So wird auf einfache Weise eine stufenlose Niveauregulierung möglich. Die Abstände zwischen den Latten sollten maximal 60 cm betragen.

14 Profilbretter montiert man am besten von oben nach unten. Dabei richten Sie das erste Brett sehr

11 Das fertig gedämmte und abgedichtete Dach: Der konstruktive Teil des Ausbaus ist damit weitgehend abgeschlossen und Sie können sich mit der Gestaltung Ihrer neuen Räume befassen. Als Erstes erstellt man die Wandbekleidung. Wenn Sie tapezieren, verputzen oder Fliesen verlegen wollen, müssen Sie als Erstes mithilfe von Ausbauplatten einen ebenen Unter-

grund schaffen. Ein einfacherer Weg, im Dachgeschoss zu fertigen Wandoberflächen zu kommen, ist die Bekleidung mit Profilbrettern oder Paneelen: Sie sind Flächendeckung und Oberbelag in einem.

12 Allerdings kann man die Bretter auch nicht unmittelbar auf die Sparren setzen: Erstens sollten die Profile möglichst hinterlüftet wer-

sorgfältig aus. Die Folgebretter werden einfach eingeschoben. Falls erforderlich können Sie dabei vorsichtig mit einem Hammer und einem Reststück nachhelfen.

Profitipp
Bei Wandvertäfelungen mit Profilholz sollten die Federn grundsätzlich nach oben zeigen. So kann keine Feuchtigkeit in die Nuten einlaufen.

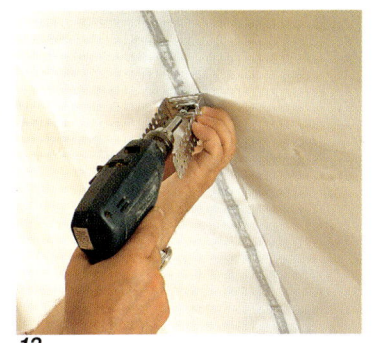

12

15 Zur Befestigung verwendet man am besten spezielle Montagekrallen, die in die Nuten eingeschoben und auf der Latte festgenagelt werden. In jedem Fall sinnvoll ist die hier gezeigte Montagehilfe: Sie besitzt einen Magneten, der Kralle und Nagel festhält.

16 Da die Spitze des Walmdachs nur einen Sparren hatte – zu wenig zur Befestigung der Unterkonstruktion –, wurden die Latten in diesem Fall direkt auf die zuvor an den Seiten angebrachten Profilbretter geschraubt. Für Innen- und Außenecken gibt es spezielle Abdeckleisten zum Aufsetzen. Innenecken können aber auch als Schattenfuge ausgeführt werden. Das geht am besten mit einer Schattenfugenfräse, die auch als

13

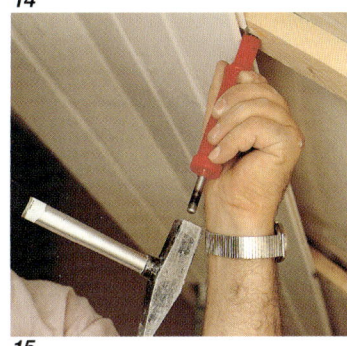

14

15

Vorsatzgerät für den Winkelschleifer erhältlich ist. Falls Sie sich für unbehandelte Profilhölzer entscheiden, steht noch die Oberflächenbehandlung an.

Neben den üblichen Lacken und Lasuren gibt es dafür auch Dekorwachse (deckend oder transparent), die mit einem Pinsel aufgestrichen werden.

16

17

18

Auch bei der Wahl des Bodenbelags setzte der Bauherr auf den natürlichen Werkstoff Holz: Massivholzdielen sollten in den neuen Räumen eine warme, gemütliche Atmosphäre schaffen.

Zuvor allerdings wollte man die Luft- und Trittschalldämmung der Holzbalkendecke verbessern. Da der Niveauausgleich bereits durch die auf die Deckenbalken genagelten Fußbodenverlegeplatten erfolgt war, bot sich in diesem Fall die folgende Lösung an:

17 Zunächst stellt man an allen Wandanschlüssen so genannte Randdämmstreifen auf. Sie trennen den Bodenaufbau schalltechnisch von den umgebenden Wänden. Dann werden Weichfaser-Dämmplatten auf die Verlegeplatten des Rohfußbodens gelegt. Vermeiden Sie dabei Kreuzfugen.

18 Darauf setzt man schwimmend – das heißt ohne eine konstruktive Verbindung zu Unterboden oder Wänden – eine weitere Lage Holzspan-Verlegeplatten. Sie werden lediglich in Nut und Feder verleimt und zusammengesteckt. Am besten bringen Sie den Leim dabei oberhalb und unterhalb der Feder

auf. Für den Zuschnitt der Platten brauchen Sie eine Handkreissäge; Ausklinkungen für Pfosten und Türfutter stellt man am besten mit einer Stichsäge her.

19 Genau wie Fertigparkett besitzen Massivholzdielen umlaufend Nut und Feder, sodass man sie »endlos« verlegen kann: Das Reststück einer Reihe verwenden Sie dabei als Anfangsstück der nächsten Reihe; so entsteht kaum Verschnitt. Allerdings müssen Sie darauf achten, dass ein ausreichender Fugenversatz gewährleistet ist.

20 Die erste Brettreihe sollten Sie sorgfältig ausrichten: Sie bestimmt Richtung und Verlauf des gesamten Belags. Die Bretter werden mit der Nut zur Wand an den Randdämmstreifen angelegt.

Anders als Fertigparkett sollte man Holzdielen durch Schrauben oder Nägel fest mit dem Untergrund verbinden: Während beim dreischichtigen Aufbau der Parkettdielen mit Zug- und Gegenzugschicht das Werfen und Verwinden des Holzes verhindert wird, besteht die Massivholzdiele nur aus einem Stück. Auch bei sorgfältigster Auswahl und Trocknung der Hölzer lässt sich hier nicht ausschließen, dass der Naturwerkstoff Holz nach dem Verlegen noch »arbeitet«.

Profitipp

Um nachträgliches Schwinden oder Quellen des Bodenbelags zu vermeiden, sollte man die Dielen vor dem Verlegen einige Tage im Verlegeraum lagern; so können sie sich akklimatisieren, d. h. der Raumtemperatur und Luftfeuchtigkeit anpassen.

21 Die Befestigung erfolgt mittels Nägeln, die Sie durch die Feder schräg nach hinten einschlagen. Um Beschädigungen der Dielen zu vermeiden, ist dazu eine Nagelhilfe erforderlich. Damit die Köpfe nicht vorstehen, werden sie eingesenkt.

22 Zum Zusammentreiben der Dielen benutzt man am besten ein Reststück: Es schützt die Feder vor Beschädigung. Trotzdem sollten Sie nie Gewalt anwenden.

Zuschnitte können Sie mit einer Kreis- oder Kappsäge herstellen, für Ausklinkungen ist auch hier die Stichsäge am besten geeignet. Zum Schluss schneiden Sie die Randdämmstreifen bündig ab und verlegen die Abschlussleiste.

19

21

20

22

Trittschalldämmung einbauen

Material

Trockenestrichsystem, bestehend aus 25-mm-Holzspan-Verlegeplatten, Holzfaser-Randdämmstreifen, 10-mm-Holzfaser-Dämmplatten, PE-Folie, Rippenpappe, Trockenschüttung, Montageleim, Abstandsklötzchen oder Keile, Hartholzklotz.

Werkzeug

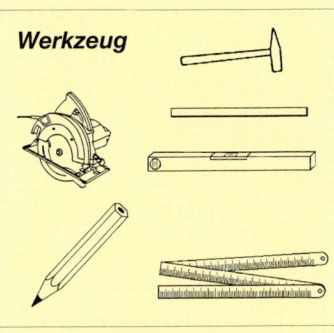

Schwierigkeitsgrad

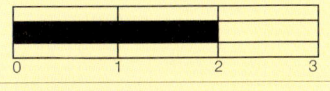

Kraftaufwand

Arbeitszeit

Für eine 60 m² große Wohnung brauchen Sie etwa 3 Tage.

Ersparnis

Bei einer 60 m² großen Wohnung sparen Sie rund 600 €.

Auch Massivdecken bieten nicht automatisch eine gute Trittschalldämmung, vor allem wenn bei Berechnung und Ausführung ein späterer Ausbau nicht eingeplant war. Wenn, wie in diesem Fall, das Dachgeschoss dann etwa für eine junge Familie hergerichtet wird, sollten Sie überlegen, ob sich der Aufwand für eine Optimierung der Trittschalldämmung nicht lohnt.

Mit dem hier gezeigten System ließ sich bei Messungen vor Ort ein Trittschall-Verbesserungsmaß von 21 dB erreichen. Zur Erläuterung: Da die Schalldämmkurve logarithmisch verläuft, bedeutet etwa ein Trittschalldämmmaß von 20 dB, dass ein bestimmtes Bauteil nur noch ein Hundertstel der ursprünglichen Schallenergie durchlässt.

1 Zur Verarbeitung der Trockenschüttung aus Blähschiefer brauchen Sie zwei Lehren und eine Abziehlatte. Die Lehren werden jeweils auf zwei Streifen der Schüttung ausgerichtet. Dann füllen Sie den Zwischenraum auf und ziehen die Schüttung ab.

2 Anschließend decken Sie die Schüttung mit Rippenpappe ab. Lassen Sie die einzelnen Bahnen etwa 5 cm überlappen. Die Rippen-

1

2

**Trittschall-
dämmung auf
Massivdecke**

Verlegeplatten

Randdämmstreifen

Dämmplatten

Feuchtesperre

Rippenpappe

Trockenschüttung

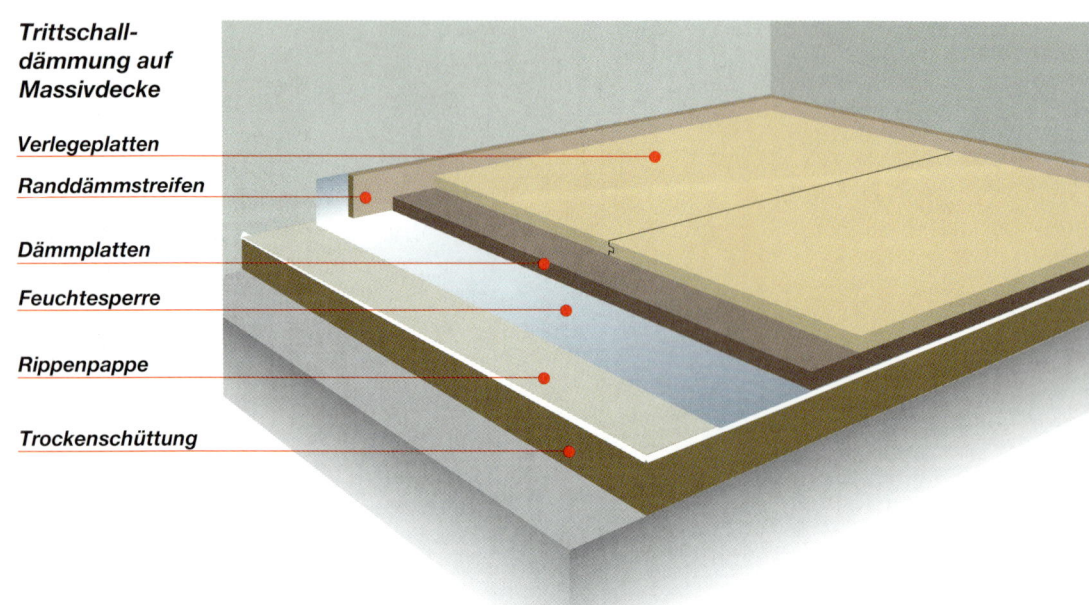

pappe sollten Sie möglichst wenig und nur sehr vorsichtig betreten.

3 Eine Feuchtesperre wird ausgelegt. Die Stöße sollen etwa 30 cm überlappen. An den Rändern ziehen Sie die Folie etwa 10 cm hoch.

4 Nun setzen Sie die Randdämmstreifen an und legen zwei Lagen der 10 mm dicken Holzfaserdämmplatte auf die Feuchtesperre. Kreuzfugen vermeiden!

5 Jetzt können Sie mit dem Verlegen der mit Nut und Feder ausgestatteten Holzspanplatten (205 x 92,5 cm) beginnen. Zuerst müssen bei der ersten Plattenreihe die zur Wand hin ausgerichteten Federn abgeschnitten werden.

6 Verlegen Sie die erste Reihe entlang einer Richtschnur. Die ausgerichteten Platten werden durch Keile gesichert. Dabei muss am Wandanschluss eine Dehnungsfu-

ge von mindestens 1,5 cm bleiben. Die jeweils letzte Platte einer Reihe wird passgerecht zugeschnitten. Das verbleibende Reststück können Sie dann als Anfangsstück in der nächsten Reihe verwenden. Dabei muss der Fugenversatz jedoch mindestens 15 cm betragen.

7 Der Leimauftrag erfolgt jeweils rechts und links der Feder. Legen Sie dann die Platte flach auf und schieben Sie sie in die Nut ein.

3

8 Gegebenenfalls können Sie mit Hammer und einem Hartholzklotz nachhelfen.

9 Bei Wandunebenheiten kann man die Schnittkante mit einem Abstandsklötzchen exakt auf die Platte übertragen.

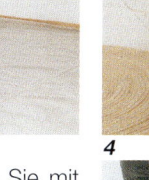

Profitipp

Egal, ob Holzbalken- oder Massivdecke: Die Schalldämmung von unten nach oben verbessert man durch eine Abhängung. Dabei wird die Unterkonstruktion vor der Beplankung mit Dämmstoff (Matten oder Platten) ausgelegt. Für niedrige Raumhöhen gibt es spezielle Konstruktionen mit so genannten Federschienen, die man direkt an der Decke befestigen kann.

5

8

6

9

Eine Spindeltreppe einbauen

Material

Spindeltreppenbausatz mit Laibungsfutter.

Werkzeug

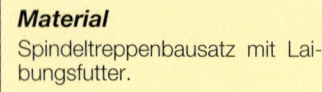
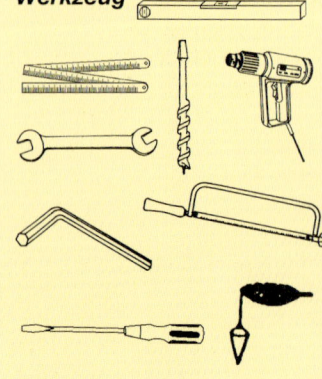

Schwierigkeitsgrad

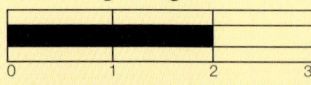

0	1	2	3

Kraftaufwand

0	1	2	3

Arbeitszeit

Zusammen mit einem Helfer können Sie die Treppe an 1 Tag aufstellen. Für die Anstricharbeiten benötigen Sie nochmals 4 Stunden.

Ersparnis

Sie sparen durch Ihre Eigenleistung etwa 500 €.

Oft findet sich beim nachträglichen Dachausbau kein Platz für eine konventionelle Geschosstreppe. In diesem Fall kann eine Spindeltreppe weiterhelfen, die auch als Bausatz erhältlich ist. Allerdings muss in der Regel der Deckendurchbruch hergestellt bzw. angepasst werden – in diesem Fall kreisförmig mit 2 m Durchmesser. Diesen Arbeitsschritt sollten Sie in jedem Fall einem Fachmann überlassen.

1 Für die Bestellung der Treppe ermittelt man die Geschosshöhe (von Oberboden zu Oberboden). Davon ausgehend legt man die Anzahl der Steigungen so fest, dass die Steigungshöhe in etwa 18 cm beträgt. Die Tabelle gibt Auskunft über die jeweils günstigste Stufenanzahl bei verschiedenen Raumhöhen. Wichtig ist auch, ob Ihre Treppe sich – vom Antritt aus betrachtet – nach rechts oder wie in diesem Beispiel nach links wendeln soll.

2 Als Erstes wird der Durchbruch verkleidet. Die meisten Hersteller bieten dazu fertige Verblendungen an. Stellen Sie dann das Standrohr auf und richten Sie es exakt aus.

3 Nun schieben Sie die Trägerelemente mit den zuvor aufge-

Günstige Steigungshöhen

Geschoss-höhe	Stufen-anzahl	Steigungs-anzahl	Steigungs-höhe
260 cm	*13*	*14*	*18,6 cm*
270 cm	**14**	**15**	**18,0 cm**
280 cm	*14*	*15*	*18,7 cm*
290 cm	**15**	**16**	**18,1 cm**
300 cm	*15*	*16*	*18,8 cm*
310 cm	**16**	**17**	**18,2 cm**

1

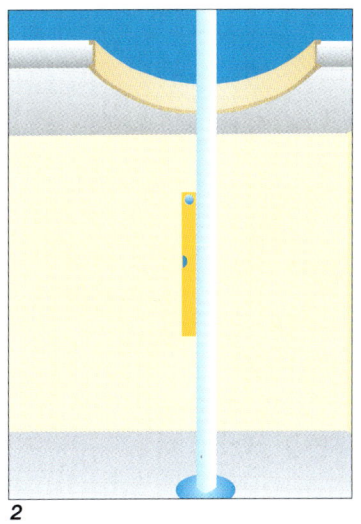

2

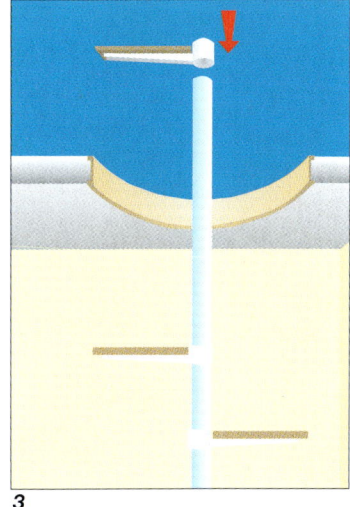

3

4

6

5

7

schraubten Stufen nacheinander über das Standrohr. Versetzen Sie dabei die Schwerpunkte der einzelnen Elemente so, dass das Standrohr in der Waage bleibt.

4 Als Letztes wird das Austrittspodest aufgeschoben und in der Durchbruchslaibung verdübelt. Vor dem Befestigen sollten Sie die korrekte Ausrichtung des Standrohrs nochmals überprüfen.

5 Die Einbauhöhe des Podests richtet sich nach der Oberkante Fertigfußboden. Wenn Sie etwa Parkett oder Dielen verlegen wollen, sollten Sie beim Ausrichten ein Probestück des späteren Belags (gegebenenfalls samt Unterlage) als Richtmaß benutzen.

6 Nun werden die einzelnen Stufen von oben nach unten exakt ausgerichtet. Dabei müssen Sie nicht nur auf gleiche Steigungshöhen achten, sondern ebenso auf eine gleichmäßige Wendelung. Stimmt alles, werden die Stufenelemente zunächst fixiert. Das geschieht mithilfe eines in der Trägerhülse befindlichen Inbus-Gewindestifts. Die eigentliche Sicherung erreichen Sie durch einen Spiralstift: Dazu setzen Sie durch die vorgesehenen

Löcher im Stufenträger eine Bohrung ins Standrohr (Ø 4,8 mm), durch die Sie dann einen speziellen Spiralstift einschlagen.

Sicherheitstipp
Auf keinen Fall sollten Sie sich dazu hinreißen lassen, Stufen zu sparen oder die Wendelung enger als empfohlen zu wählen. Die Richtmaße dienen nicht nur der Bequemlichkeit: Wir sind – wenn auch unbewusst – auf diese genormten Treppenmaße eingestellt. Jede nicht normgerecht angelegte Treppe birgt schon aufgrund dieses Gewöhnungseffekts ein erhebliches Gefahrenpotenzial.

7 Jetzt können Sie die Geländerstäbe in den werkseitig vorgebohrten Löchern verschrauben. Der flexible Aluminiumhandlauf lässt sich dann einfach aufstecken. Als Nächstes wird dann das Griffprofil übergeschoben. Abschließend müssen Sie Standrohr, Geländer und – je nach Ausführung – auch die Stufen noch streichen.

8 Spindeltreppenbausätze gibt es übrigens auch in der Raumsparversion für besonders enge Verhältnisse.

8

Dachflächenfenster fürs Kinderzimmer

Material

Dachflächenfenster mit Eindeckrahmen und Innenfutter, ggf. Vierkantholz mit dem Querschnittmaß der Sparren, imprägnierte Dachlatten, Klebe- und Dichtband, Holz- oder Kunststoffkeile.

Werkzeug

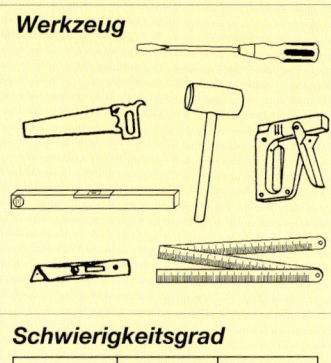

Schwierigkeitsgrad

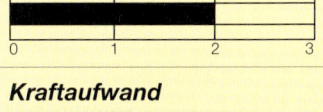

Kraftaufwand

Arbeitszeit

Je nach Fenstertyp und Einbausituation sollten Sie mit 1–2 Tagen rechnen.

Ersparnis

Sie sparen durch Ihre Eigenleistung je nach Einbausituation mindestens 300 €.

Auch bei Wohnräumen unterm Dach sollte die Fensterfläche rund 10% der Grundfläche betragen, wobei Sie Raumflächen unter 1,5 m Höhe nicht berücksichtigen müssen. Normalerweise kann man mit Giebelfenstern allein diesen Wert nicht erreichen. Das Mittel der Wahl ist dann der Einbau eines Dachflächenfensters.

Dachflächenfenster, die komplett mit Eindeckrahmen angeboten werden, können von einem geschickten Heimwerker durchaus in Eigenleistung eingebaut werden.

Allerdings sollte er wegen des Eingriffs in die Dachkonstruktion vorher einen Statiker zurate ziehen und gegebenenfalls eine Baugenehmigung einholen. Zum Einbau ist es am besten, einen Helfer zu engagieren, der dann beim Einsetzen des schweren Elements zur Hand geht.

1 Bei der Wahl Ihres Fensters müssen Sie nicht nur der Raumgröße Rechnung tragen, sondern auch der Dachneigung. Wohnraumfenster sollten sowohl sitzenden als auch stehenden Personen Ausblick ermöglichen. Deshalb ist die Fensterunterkante bei höchstens 90–110 cm einzuplanen, die Oberkante bei mindestens 190–200 cm. Bei Steildächern ist die für diese Richtwerte erforderliche Fenstergröße von der Dachneigung abhängig. Grundregel: Je flacher das Dach, desto größere Fenster benötigen Sie.
Überlegen Sie sich auch, ob die Betätigung unten oder oben am Fenster angebracht sein soll.

Sicherheitstipp

Ein Sonderfall ist sicher der Einbau eines Dachflächenfensters in einem Kinderzimmer wie in diesem Beispiel.
Auch wenn Sie Ihr Fenster mit Kindersicherungen ausstatten, sollten Sie es nicht zu tief einsetzen und möglichst auch auf eine Fensterbank verzichten.

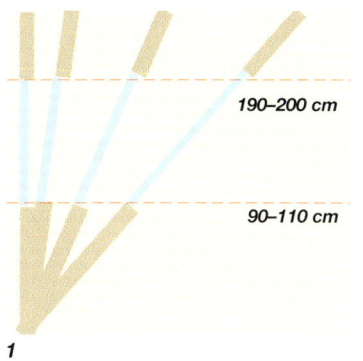

190–200 cm

90–110 cm

1

2 In den seltensten Fällen wird das ausgewählte Fenster genau zwischen zwei Sparren passen.
Ist das Fenster geringfügig schmaler als der Sparrenabstand, genügt das Aufdoppeln des Sparrens (**A**). Bei größeren Maßdifferenzen wird ein Hilfssparren eingezogen (**B**). Ein Eingriff in die Dachkonstruktion wird erforderlich, wenn das Fenster größer als der Abstand der Sparren ist: Bei geringfügigen Überbreiten genügt das Ausschneiden und Überbrücken des Sparrens (**C**). Reicht das nicht, muss eine so genannte Auswechslung erfolgen (**D**). Als Erstes müssen Sie die Dachöffnung herstellen. Zeichnen Sie das Fensterviereck auf und entfernen Sie – falls vorhanden – Dampfsperre, Dämmmaterial und Unterspannbahn. Dampfsperre und Unterspannbahn schneiden Sie dabei

von den angezeichneten Eckpunkten aus diagonal ein, sodass jeweils vier Lappen in Form eines Dreiecks entstehen. Klappen Sie diese vorerst zur Seite und befestigen Sie sie provisorisch. Als Nächstes nehmen Sie vorsichtig die Dachpfannen im Fensterbereich ab. Auch rechts und links des Fensterausschnitts wird eine Reihe Pfannen entfernt.

3 Nun können Sie die Dachlatten absägen. Die Lattenenden werden später mit einer Längslatte unterfangen. Im gezeigten Fall muss als Nächstes der Sparren ausgesägt werden. Vorsicht: Vor dem Durchtrennen des Sparrens muss man das Dach eventuell abstützen.

4 Als Nächstes wird das Sparrenfeld den konkreten Gegebenheiten angepasst. Im gezeigten Fall ge-

schieht dies durch den Einbau von Wechseln (**A**) und Hilfssparren (**B**), die zusammen die Dachlast abfangen. Wechsel und Hilfssparren sollten die Stärke der vorhandenen Sparren besitzen. Sie werden mit Nagelblechen oder Balkenverbindern befestigt.

5 Dem Fenstermaß entsprechend schrauben Sie nun am oberen und unteren Ende der Dachöffnung je eine Anschlaglatte fest, auf denen Sie das Fenster auflegen können.

Diese Latten sollen mit der bestehenden Lattung auf einem Niveau liegen. Nun können Sie das Fenster einsetzen und genau ausrichten. Bei größeren Elementen empfiehlt es sich, dazu den Fensterflügel auszubauen.

6 Vor der endgültigen Montage müssen Sie die Unterspannbahn passend ablängen und je nach Fenstertyp antackern bzw. unter die Rahmendichtung schieben. Das eingesetzte und ausgerichtete Fenster wird mit den mitgelieferten Befestigungswinkeln an Anschlaglatten und Sparren befestigt. Achtung: Falls der Rahmen nicht ganz eben aufliegt, müssen Sie ihn vorher unbedingt entsprechend unter-

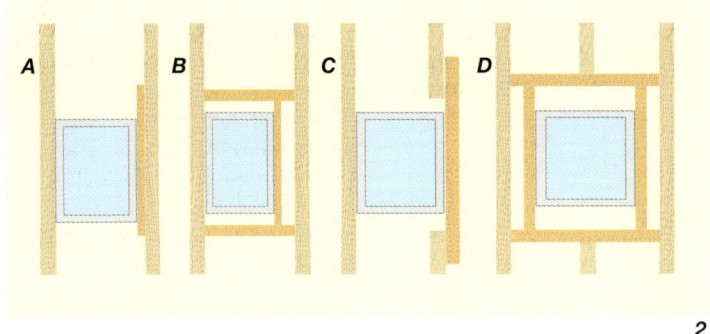

2

füttern. Das geht am besten mit Holz- oder Kunststoffplättchen entsprechender Dicke.

7 Die fertigen Eindeckrahmen ermöglichen den wasserdichten Anschluss des Dachfensters an fast alle erdenklichen Dacheindeckungen. In der Regel bestehen sie aus dem Unterteil mit Bleischürze, zwei Seitenteilen mit speziellen Auflagen für die Dacheindeckung und dem Oberteil. Bei der Montage die Herstellerhinweise genau beachten!

8 Zum Schluss wird die Bleischürze der Dacheindeckung angepasst. Das geht mit einem Gummihammer oder auch von Hand.

Nun müssen auch innen die Anschlussbereiche wieder sorgfältig gedämmt und mit der Dampfsperre luftdicht verschlossen werden. Die durch das Aufschneiden in den vier Fensterecken fehlenden Stücke können Sie aus den überschüssigen Foliendreiecken zuschneiden. Zum Abdichten gibt es spezielle Dicht- und Klebebänder.

Für die Innenverkleidung kann man ein fertiges Futter verwenden. Es wird in eine Nut am Fenster eingeschoben und mit Krallen fixiert.

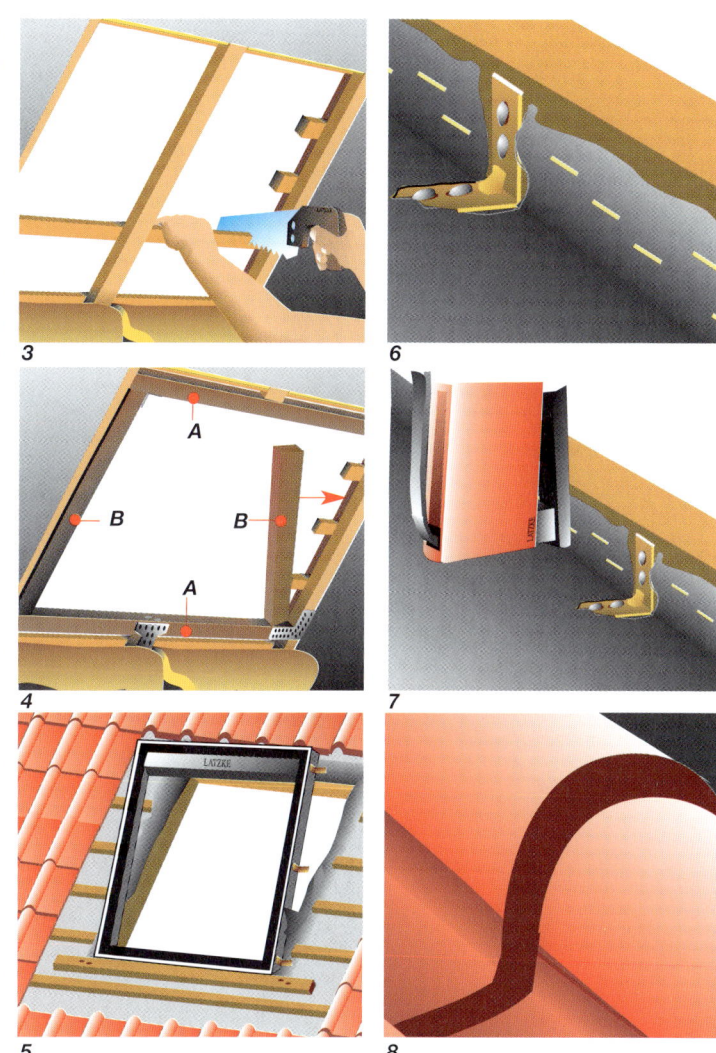

3

6

4

7

5

8

Arbeitszimmer abtrennen

Material

12,5-mm-Gipskartonplatten (90 x 125 cm), UW- und CW-Profile, Türsturzprofil je nach Türbreite, 2 Kanthölzer, Klebeband, Dichtband, Schnellbauschrauben, Fugenspachtelmasse, Faserdämmstoff (Dicke je nach Profilbreite), Einbauschalter und -Steckdosen, Kabel.

Werkzeug

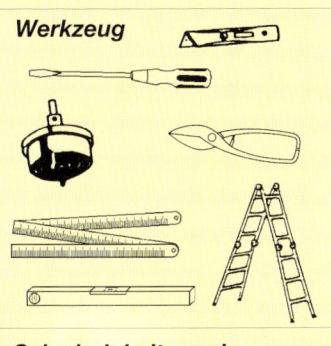

Schwierigkeitsgrad

0	1	2	3
███			

Kraftaufwand

0	1	2	3
█████			

Arbeitszeit

Für den Aufbau inklusive Verspachteln benötigen Sie ungefähr 1 Tag.

Ersparnis

Sie sparen je nach Einbausituation mindestens 200 €.

Das Schönste an Trockenbauwänden ist, dass man Sie erst ganz zum Schluss einbauen muss: So sind sie in der Bauphase nicht im Weg. Die Montage kann sogar nachträglich auf fertigen Wänden und Böden erfolgen. Und bei Bedarf sind sie ohne großen Aufwand demontierbar. Ein weiterer Vorteil: Sie sind wesentlich effektivere Schalldämmer als ihre massiven Kollegen. Um die gleichen Schalldämmwerte zu erreichen, muss eine zweischalige Ständerwand nur rund halb so dick sein wie etwa eine Wand aus Leichtbetonsteinen. Bei 10 m² Wandfläche hat sie zudem etwa zwei Tonnen weniger Gewicht.

1 Im Dachstudio soll ein Arbeitszimmer abgetrennt werden. Als Erstes zeichnen Sie den Wandverlauf an allen angrenzenden Flächen an.

2 Entlang der angerissenen Linie werden umlaufend so genannte UW-Profile befestigt. Die Profile schneidet man mit der Blechschere zu und versieht sie vor der Montage mit einem selbstklebenden Dämmband.

3 Die Befestigung der UW-Profile erfolgt durch Dübel. Setzen Sie dazu zunächst die erforderlichen

1

2

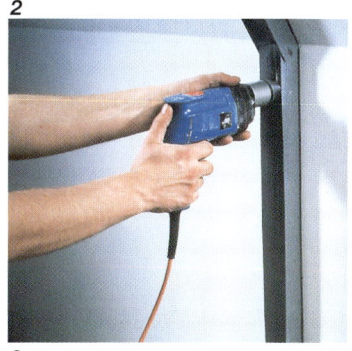

3

Bohrungen in die Profile, halten Sie dann die Profile an und markieren Sie die Bohrstellen. Bestehen die angrenzenden Wände aus Gipskartonplatten, müssen Sie für die Hohlraummontage geeignete Befestigungsmittel verwenden (z. B. Universal- oder Mehrzweckdübel).

4 Nun werden die Ständerprofile abgelängt, in die umlaufend montierten Schienen eingestellt und mit Schnellbauschrauben befestigt. Als Ständer verwendet man so genannte CW-Profile, die zur Erhöhung der Stabilität an den Schenkeln eine spezielle (C-förmige) Profilierung aufweisen. Der Abstand der Ständer richtet sich nach den Plattenmaßen, er sollte aber maximal 62,5 cm betragen. Im vorliegenden Fall sind die Platten mit dem Format 90 x 125 cm aufrecht vorgesetzt worden. Dafür ist ein Ständerabstand von 45 cm sinnvoll.

5

5 Für den Einbau von Türen gibt es spezielle Sturzprofile, die man einfach über zwei in entsprechendem Abstand aufgestellte CW-Profile schiebt und mit Klebeband fixiert. In die senkrechten Türpfosten werden zur Verstärkung Kanthölzer eingestellt und befestigt.

6 Mit 25-mm-Schnellbauschrauben montiert man die Gipskartonplatten. Hilfreich ist dabei ein Einschraubtiefenbegrenzer. Danach bringen Sie mit einer Lochsäge die erforderlichen Durchlässe für Schalter und Steckdosen ein.

7 Wenn Sie eine Wandseite beplankt haben, verlegen Sie gegebenenfalls die Elektrokabel. Die CW-Profile sind mit speziellen Bohrungen zur Kabeldurchführung ausgestattet. Dann füllt man den Wandhohlraum mit Faserdämmstoff. Hartschaumplatten sind aufgrund der schlechten Schalldämmeigenschaften dafür nicht empfehlenswert. Als Nächstes wird die zweite Wandseite beplankt. Hier bringt man die Dosenöffnungen vor der Plattenmontage ein.

8 Vor dem Verspachteln werden Schalter und Steckdosen angeschlossen und eingesetzt.

6

7

Nun können Sie mit dem Verspachteln aller Schraubstellen und Fugen beginnen. Sind nach dem Durchtrocknen der Spachtelmasse noch Unebenheiten festzustellen, spachteln Sie noch einmal fein nach; abschließend mit feinem Sandpapier schleifen. Die Wandanschlüsse werden ebenfalls verspachtelt oder mit speziellem Trennwandkitt ausgeführt. Nach dem Auftrag eines Tiefengrunds können Sie Ihre Wand dann ganz nach Belieben streichen, tapezieren oder mit Dekorputz versehen. Sollen Fliesen verlegt werden, können Sie sich das Verspachteln sogar ganz sparen.

9 Zum Schluss passen Sie dann das Türfutter in die maßgenau vorbereitete Öffnung ein. Wie man dabei vorgeht, erfahren Sie ab Seite 70.

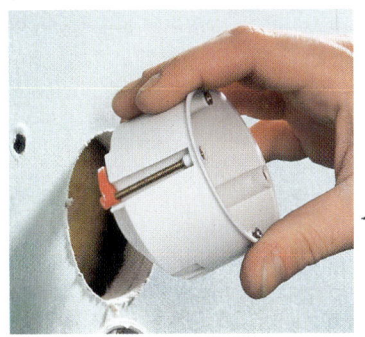

8

9

Türmontage selbst gemacht

Material

Fertigtür mit Futter und Bekleidung, Drückergarnitur, Spreizhölzer und Zulagen, Holz- oder Kunststoffkeile, Zweikomponenten-Montageschaum.

Werkzeug

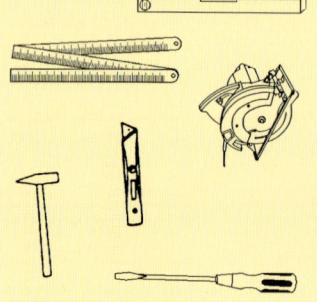

Schwierigkeitsgrad

0	1	2	3
■			

Kraftaufwand

0	1	2	3
■	■		

Arbeitszeit

Hierfür benötigen Sie etwa 4 Stunden.

Ersparnis

Durch Ihre Eigenleisung können Sie etwa 100 € einsparen.

Wenn Sie sich bei der Herstellung der Wandöffnung an gängige Baurichtmaße gehalten haben (vgl. Seite 25), können Sie auf Fertigtüren mit Futter und Bekleidung zurückgreifen, bei denen das Verputzen der Anschlussbereiche entfällt: Sie werden einfach mit einer Zierbekleidung überdeckt.

1 Bauen Sie als Erstes das Futter zusammen und stellen Sie es in die Wandöffnung. Zwischen Futter und Maueröffnung sollten dabei rund 1,5 cm Luft bleiben. Bringen Sie nun zuerst das Querteil genau in die Waage. Bei »Schieflagen« muss man eine Futterseite kürzen oder unterlegen. Danach werden in der Nähe der Ecken zwei Keile eingeschlagen, die das Futter fixieren.

2 Jetzt können Sie die Seitenteile ins Lot stellen. Auch sie müssen mit jeweils drei Keilen in Höhe der Bänder und des Schlosses fixiert werden. Damit die Futterseiten beim Verkeilen nicht nach innen verrutschen, wird das Futter mit zwei passend abgelängten Spreizhölzern stabilisiert. Diese Hölzer setzt man auf Höhe des unteren Bandes und des Schlosses ein. Verwenden Sie Zulagen, damit das Futterdekor beim Verspreizen nicht

beschädigt wird. Vor der endgültigen Montage hängen Sie nun probehalber das Türblatt ein.

3 Die Befestigung erfolgt mittels Montageschaum. Dabei reicht das punktweise Ausschäumen an sechs Stellen – rechts und links in Höhe der Bänder und des Schlosses. Verwenden Sie möglichst einen Zwei-Komponenten-Schaum.

Schneiden Sie zum Schluss die Schaumüberstände ab, setzen Sie die Bekleidungen auf und hängen Sie das Türblatt ein. Mit der Montage der Drückergarnitur ist Ihre Tür dann voll funktionsfähig.

Profitipp

Mitunter muss die Tür nach dem Verlegen des Bodenbelags gekürzt werden. Das geht mit Kreissäge oder Elektrohobel. Bei Letzterem arbeitet man von den Enden zur Mitte, um ungewolltes Rundhobeln zu vermeiden. In jedem Fall sollten Sie den Anriss vorher anschneiden, damit das Furnier nicht ausreißt. Türen mit Fitschenbändern können auch durch Fitschenringe etwas angehoben werden.

1

2

3

Dachausbau mit Gipskarton

Material

Mineralfaser-Klemmfilz, Dampfsperre, Klebeband, Dichtband, Direktabhänger, Schnellbauschrauben (3,5 und 2,5 cm lang), Dachlatten, 12,5-mm-Gipskartonplatten (90 x 125 cm), Fugenspachtelmasse, CW- und UW-Profile, Dichtband für UW-Profile, Bitumenpappe, Perlit-Trockenschüttung, Trockenunterbodenelemente, Unterbodenkleber, Tiefengrund

Werkzeug

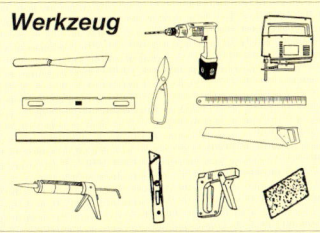

Schwierigkeitsgrad

Kraftaufwand

Arbeitszeit

Für die Dämmung und Bekleidung von Wand und Boden benötigen Sie etwa 14 Tage.

Ersparnis

Bei einer Dachraumgröße von 60 m² sparen Sie für Wand- und Bodenaufbau mindestens 4100 €.

Viele ältere Häuser besitzen aufwendige Dachformen mit zahlreichen Winkeln und Versprüngen. Natürlich lassen sich gerade hier sehr attraktive Räume gestalten. Allerdings ist der Ausbau auch mit etwas mehr Arbeit verbunden. So sind beim Zuschnitt der Dämmung eine ganze Reihe winkelgenauer Maßanfertigungen erforderlich. Nicht selten müssen auch Hilfskonstruktionen aus Vierkanthölzern eingebaut werden, um eine durchgehend gleiche Dämmschichtdicke zu ermöglichen.

1 Das hier vorgestellte Dach besaß rund 20 cm dicke Sparren, sodass bei einer Sparrenvolldämmung Platz für eine ausreichend dimensionierte Dämmschicht vorhanden war. Bei geringeren Sparrendicken empfiehlt sich das Aufdoppeln mit Latten oder Vierkanthölzern.

2 Große Sorgfalt ist beim Anbringen der Dampfsperre geboten: Sie muss auch bei komplexeren Dachformen eine durchgehend dichte Ebene vor der Dämmung bilden.

3 Die Direktabhänger werden in horizontal verlaufenden Reihen auf die Sparren geschraubt. Der Abstand zwischen den Reihen hängt

1

2

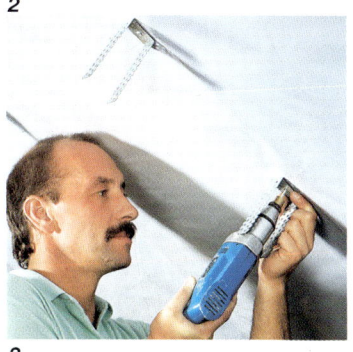

3

4

7

5

8

6

9

dabei vom gewählten Plattenformat ab. In diesem Fall betrug es 41,5 cm, sodass die 125 cm hohen Platten an jeweils vier Latten fixiert werden konnten.

4 Die Latten legen Sie zwischen die Schenkel der Abhänger. Richten Sie sie mithilfe von zuvor gespannten Richtschnüren aus und verschrauben Sie sie von beiden Seiten. Da Sie dank der Direktabhänger die Einbauhöhe an jedem Befestigungspunkt stufenlos variieren können, sparen Sie sich das sonst unumgängliche Unterkeilen.

5 Die hier verwendeten, mit 90 x 125 cm relativ kleinformatigen Gipskartonplatten machen zwar beim Verspachteln etwas mehr Arbeit, dafür lassen sie sich auch an Decken und Schrägen ohne allzu großen Kraftaufwand montieren. Der Zuschnitt der Platten erfolgt mittels Metallschiene und Cutter; für Ausklinkungen ist zudem eine Stichsäge erforderlich (vgl. Seite 36). Vermeiden Sie beim Einbau durchgehende Kreuzfugen.

6 Die Montage erfolgt mit 3,5 cm langen Schnellbauschrauben. Der Schraubabstand sollte in der Dachschräge etwa 17 cm betragen.

Profitipp
»Hohle« Schraubstellen vermeidet man, indem man die Lage
der Latten vor dem Anbringen
auf den Platten anzeichnet.

7 Die Dämmung der Giebelwand
erfolgt mithilfe einer Vorsatzschale.
Die Unterkonstruktion aus Metallprofilen hat gegenüber Holz den
Vorteil, dass die Profile absolut gerade und verwindungsfrei sind. Die
senkrechten Ständer (CW-Profile)
sind in einem umlaufend montierten UW-Profil verschraubt. Die
Zwischenräume dämmt man
ebenfalls mit Mineralwolle aus.
Für die Verschraubung der Gipskartonplatten in den Metallständern gibt es spezielle Schnellbauschrauben. Der Schraubabstand sollte etwa 25 cm betragen.

8 Mit einem breiten Spachtel verspachteln Sie zum Schluss alle Fugen und Schraubstellen. Falls nach
dem Antrocknen noch Unebenheiten bestehen, werden die Spachtelstellen nochmals überarbeitet
und mit Schleifpapier geglättet.

9 Den vorhandenen Rohfußboden
deckt man zunächst mit Bitumenpappe ab. Dann können – falls

erforderlich – Heizungsrohre und
Wasserleitungen verlegt werden.

10 Durch die Trockenschüttung
werden Unebenheiten des Unter-
grunds ausgeglichen und – wie in
diesem Fall – Installationsrohre abgedeckt. Die Schüttung bringt man
abschnittweise ein. Zunächst werden die Abziehlehren auf zwei
Schüttungsstreifen ausgerichtet.
Füllen Sie dann den Zwischenraum
mit Schüttgut und ziehen Sie die
Fläche mit einer Richtlatte ab.

11 Die hier verwendeten Trockenestrichelemente bestehen aus drei
miteinander verleimten Gipskartonplatten, die auf Nut und Feder
gearbeitet sind. Auf die Federn trägt
man mit der Kartuschenspritze einen Spezialkleber auf. Dann werden die Elemente zusammenge-
schoben. Damit keine Körnchen
zwischen die Platten geraten, sollten Sie die Schüttung im Bereich
der Stöße mit Pappe abdecken.

12 So hat der Dachboden schließlich rundum ebene Flächen ge-
wonnen, die Sie jetzt mit jedem
gewünschten Wand- und Bodenbelag versehen können. Allerdings
müssen die Kartonoberflächen zuvor noch grundiert werden.

10

11

12

Darauf können Sie bauen!

COMPACT PRAXIS »do it yourself«

- Jeder Band mit über 200 Abbildungen und instruktiven Bildfolgen – alles in Farbe.

- Übersichtliche Symbole für Schwierigkeitsgrad, Kraftbedarf, Zeitaufwand u.v.m. – alles auf einen Blick.

- Anwenderfreundliche Komplettanleitungen für alle wichtigen Heimwerkerarbeiten – keine schmalen Einzelthemen.

- Mit besonders hervorgehobenen Profi- und Sicherheitstipps.

Selbst Elektroinstallationen ausführen

Selbst Sauna und Fitnessraum bauen

Selbst Höfe und Wege pflastern

Selbst Wände dekorativ gestalten

Selbst Regenwasser-Nutzsysteme anlegen

Selbst Öfen und Kamine bauen

Über 60 Titel lieferbar.
Bitte DIY-Spezial-Prospekt anfordern!

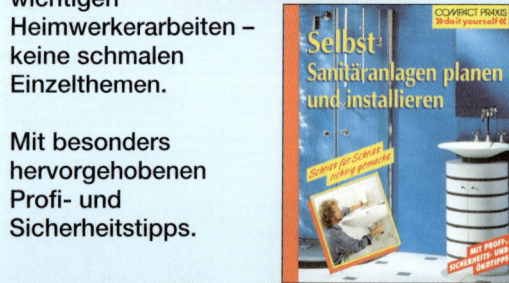
Selbst Sanitäranlagen planen und installieren

Selbst Gartenteiche anlegen und pflegen

Selbst Fassaden und Dächer begrünen

Selbst Solaranlagen installieren

Selbst Wohnräume unterm Dach ausbauen

Selbst Parkett, Holz- und Laminatböden verlegen

jeder Band € **10,25**

Compact Verlag GmbH
Züricher Straße 29
81476 München
Telefon: 0 89/74 51 61-0
Telefax: 0 89/75 60 95
Internet: www.compactverlag

Wohnraum bis zur Firstspitze

Material
Mineralfaser-Dämmsystem, Metallprofile, Gips-Verbundplatten und -Brüstungselemente PS, Ansetzgips, Direktabhänger, Schnellbauschrauben, Dübel, 12,5-mm-Gipsplatten, Fugenspachtelmasse, Papierfugenstreifen, Eckschutzschienen, Tiefengrund, Treppenbausatz, Fußbodendistanzschrauben, Lagerhölzer, Rollenkork, Mineralfaserplatten, Massivholzdielen, Spezialschrauben, Parkettleisten, Holzleim

Werkzeug

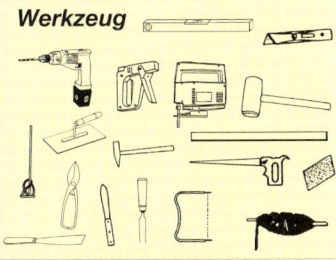

Schwierigkeitsgrad

| 0 | 1 | 2 | 3 |

Kraftaufwand

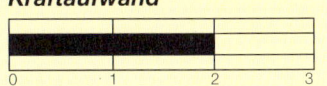

| 0 | 1 | 2 | 3 |

Arbeitszeit
Für die Dämmung und Bekleidung von Wand und Boden benötigen Sie etwa 20 Tage

Ersparnis
Bei 30 m² Wohnfläche sparen Sie mindestens 5100 €.

Manchmal entsteht der Plan zum Ausbau, wenn das Dach ohnehin eine Grundsanierung benötigt – so auch in diesem Fall:

1 Der Zahn der Zeit hatte in 60 Jahren Spuren hinterlassen: Mürbe Biberschwänze und eine faule Lattung. Eine neue Dacheindeckung und eine zeitgemäße Dämmung waren dringend erforderlich.

2 Die Idee lag nahe, den ungenutzten Speicherraum im Spitzboden zum Wohnraum auszubauen. Die zusätzlichen Kosten für Fenster, Heizungs- und Elektroinstallation sowie die Erstellung von Wand- und Bodenflächen wurden auf 20 500 € kalkuliert – 5 100 € davon ließen sich durch Eigenleistung sparen: 30 m² Raumgewinn für 500 € pro m² – preiswerter lässt sich Wohnraum kaum schaffen.

3 Die Sparrenzwischenräume im bereits bewohnten Teil des Dachgeschosses waren mit Bimssteinen ausgemauert: ein vor der Entwicklung moderner Dämmstoffe übliches Verfahren. Nun musste der Bims weichen. Das machte der Bauherr selbst und sparte so gleich einmal rund 770 €.

1

2

3

4

7

5

8

6

9

Nun musste eine den heutigen Anforderungen entsprechende Dämmung eingebaut werden – nicht nur im Spitzboden, sondern auch im bereits bewohnten unteren Bereich Bereich der Dachfläche.
In diesem Bereich kann die Dämmung mit vertretbarem Aufwand nur von außen eingebracht werden. Im hier gezeigten Fall wurde dazu das so genannte Sanidachsystem eingesetzt.

4 Als Erstes werden dünne Dämmstoffplatten in die gesäuberten Sparrenzwischenräume gelegt. Sie sollen verhindern, dass die danach einzubringende Dampfbremsfolie durch hervorstehende Nagelspitzen o. Ä. verletzt wird.

5 Die Dampfbremsfolie wird spannungsfrei über die Sparren hinweg auf die Innenverkleidung gelegt. Mithilfe von speziellen Leisten wird sie an den Sparrenseiten festgetackert.

6 Damit die Dampfbremse funktioniert, müssen auch alle Anschlüsse an den Baukörper dampfdicht ausgeführt werden. Dazu klebt man ein Dichtband auf, führt die Folie darüber und sichert das Ganze mit einer Anpresslatte.

Profitipp

Wie dick die Dämmung sein muss, wird letztlich durch die Energieeinsparverordnung geregelt: Sie schreibt den U-Wert – den Wärmedurchlasswiderstand eines Bauteils – für Alt- und Neubau vor. Bei den heute geforderten Werten sind Dämmstoffdicken von 18–22 cm die Regel – und die sind nicht immer einfach unterzubringen. Darüber hinaus muss auf ein ausreichendes Diffusionsgefälle geachtet werden. Dieses verhindert, dass aus der beim Durchgang durch den Dachaufbau abkühlenden Luft Wasserdampf kondensieren und sich in der Dämmung niederschlagen kann. Die Berechnung des U-Werts, des Temperaturverlaufs und des Diffusionsgefälles kann nur ein Fachmann vornehmen. Klären Sie im Vorfeld unbedingt, ob in Ihrem Fall derartige Berechnungen erforderlich sind. Eine in der Regel sehr gute Erstberatung dazu bieten die Hotlines der Dämmstoffhersteller. Im hier gezeigten Beispiel hat der Bauherr vom Hersteller gegen geringe Kosten alle Berechnungen vornehmen und ein auf seine individuellen baulichen Gegebenheiten optimiertes Paket schnüren lassen.

7 Zum Anschluss an den unbewohnten oberen Bereich, der von innen gedämmt werden kann, wird die Folie zunächst mithilfe von Dichtband und Anpresslatten um drei Seiten des Sparrens herum verlegt. Die Andichtung an der Sparreninnenseite erfolgt später.

8 Jetzt wird der Wasser abweisende Mineralwoll-Dämmfilz mit 1 cm Übermaß quer von der Rolle geschnitten und in die Sparrenzwischenräume gelegt.

9 Danach kann das Dach komplett mit einer diffusionsoffenen Unterdeckbahn geschlossen werden.

10 Ab jetzt geht es witterungsunabhängig weiter. Parallel zu den Dacharbeiten wurden inzwischen die Giebelfenster eingebaut.

11 Zuschnitt des Klemmfilzes: Ein Brett dient als Lineal, auf das man sich beim Schneiden mit einem Fuß stellen kann.

12 Fugenfrei werden nun alle Sparrenzwischenräume ausgedämmt.

Die hier verwendete Dampfbremse weist spezielle Eigenschaften auf: Bei kalten Außentemperaturen

10

11

12

Arbeitsanleitung: Dampfbremse einbauen

13

16

14

17

15

18

sorgt ihr hoher Dampfdiffusions-
widerstand dafür, dass die warme
und damit feuchte Raumluft nicht
in die Konstruktion dringen kann.

Bei warmen Außentemperaturen
sinkt der Diffusionswiderstand, sodass eventuell in der Konstruktion
befindlicher Wasserdampf nun
nach innen abwandern kann. Damit alles funktioniert, muss die Folie aber unbedingt richtig eingebaut werden.

13 Der Anschluss an das Sanidachsystem: Zuerst werden die Sparren-
innenseiten in Höhe der bereits von
außen erfolgten Andichtung mit
Dichtbandstreifen beklebt.

Dann versieht man das aus dem
fertig gedämmten Dachbereich
herausragende Folienende mit einem doppelseitigen Klebeband,
schneidet einen weiteren Folien-
streifen zu und klebt ihn so auf,
dass er auf dem Boden des Spei-
chers dicht angeschlossen werden
kann. Abschließend schraubt man
passend zugeschnittene Lattenab-
schnitte auf die Sparreninnensei-
ten. Der Anschluss am Boden erfolgt ebenfalls mit Dichtband und
einer Anpresslatte, die in diesem
Fall angedübelt wird.

14 Nun tackert man die Folie bahnenweise an die Sparren. Am besten arbeiten Sie von oben nach unten. Die Bahnen sollten mit ca. 10 cm Überstand verlegt werden.

15 Ein neu entwickeltes einseitiges Klebeband vereinfacht die Verklebung der Überlappungsanschlüsse. Auch der bereits verlegte untere Folienabschluss wird auf diese Weise verklebt.

16 Wieder sind alle Anschlussbereiche an den Baukörper – Giebelseiten, First- und gegebenenfalls Mittelpfetten – mit Dichtband und Anpresslatten auszuführen.

17 Zum Anschluss von durchgehenden Bauteilen wie Kaminen fertigt man am besten ein Passstück, bei dem die Umrisse des Bauteils so ausgeschnitten werden, dass die Folie es exakt umschließt.

18 Der fertige Kaminanschluss mit Dichtband und Anpresslatte. Bei runden Bauteilen wie Lüftungsrohren fertigt man ebenfalls ein Passstück, bei dem man den Kreisausschnitt 2–3 cm kleiner ausführt, sodass die Folie sich um das Rohr herumlegt und mit einseitigem Klebeband angeklebt werden kann.

In der Regel müssen beim Ausbau auch die Giebelwände verputzt werden. Dies kann konventionell oder wie hier in Trockenputztechnik erfolgen und je nach den örtlichen Gegebenheiten auch vor den Dachdämmarbeiten geschehen.

19 Im gezeigten Fall wurden die Fensterleibungen im Trockenputzverfahren mit polystyrolkaschierten Gipsplatten beklebt, die man mit der Stichsäge exakt zuschneiden kann. Unterhalb des großen Dreieckfensters wurden vorgefertigte Brüstungselemente mit Polystyrolkern verwendet, die später als stabile Auflage für eine Fensterbank-Schreibtisch-Kombination dienen sollen. Zum Ausgleich von Wandunebenheiten wird der Ansetzgips in dicken Batzen oder Wülsten aufgebracht.

20 Dann setzt man die Elemente an die zuvor gesäuberte und leicht angefeuchtete Wand.

21 Das Ausrichten erfolgt mit Gummihammer und einer Zulage. Dabei immer wieder mit Wasserwaage und Richtlatte die lot- und fluchtrechte Ausrichtung überprüfen. Ein Schnurschlag am Boden erleichtert die Arbeit.

19

20

21

22

23

24

Nach Begradigung der Giebelwände muss man auch die Schrägen sowie gegebenenfalls Decke und Drempel mithilfe einer Unterkonstruktion für das Beplanken vorbereiten. Hier wurde ein System mit Metallprofilen verwendet. Der Vorteil gegenüber Holzkonstruktionen: Das System beinhaltet hilfreiches Zubehör, Metallprofile sind immer gerade und sie »arbeiten« auch nicht. Nachteil: Das etwas aufwendigere Zuschneiden mit der Blechschere.

22 Ein etwa 30 cm schmaler Deckenstreifen soll die Firstpfette abdecken und später Halogeneinbaustrahler aufnehmen. Wie bei größeren Decken montiert man zunächst die Grundlattung aus CD-Profilen. Rechts und links in den Sparren wurden u-förmige Direktabhänger befestigt. Durch ihre gelochten Schenkel können dann die Profile angeschraubt werden.

Zuerst richtet man die Lattung an den Raumenden genau fluchtrecht aus. Am besten bringen Sie dazu mithilfe einer Schlauchwaage an den Giebelseiten einen Meterriss an und legen Sie von dort aus eine einheitliche Höhe fest. Dann spannen Sie zwischen den äußeren

Profilen eine Schnur, um auch die dazwischen liegenden Metallschienen exakt ausrichten zu können.

23 Auf die Grundlattung schiebt man nun so genannte Kreuzverbinder auf, in welche die parallel zum First verlaufende Traglattung – sie besteht ebenfalls aus CD-Profilen – eingeschoben wird. Die Profile kann man mit Profilverbindern an den Enden zusammenstecken.

24 Um gerade Verhältnisse zum Ausrichten der Unterkonstruktion in der Schräge zu erhalten und um die Einbaustrahler montieren zu können, kann man die Decke jetzt schon mit Gipsplatten beplanken. Das Eindrehen der Schrauben in die Blechprofile gelingt leichter, wenn man einen hochdrehenden Schnellbauschrauber benutzt. Mit dem langsameren Akkuschrauber tut man sich mitunter schwer. In jedem Fall nötig ist ein mechanischer Einschraubtiefenbegrenzer, da die Schraubköpfe ansonsten leicht in den Platten verschwinden.

25 Im rechten Winkel zu den Giebelwänden und im gewünschten Abstand zum Dachwinkel wird mittels Schnurschlag die Lage des Drempels festgelegt. An der Markierung entlang befestigt man die mit einem Dichtband beklebten UW-Profile mit Schlagdübeln am Boden.

26 Wieder mit den vielseitigen Direktabhängern werden die aufrecht in den UW-Schienen stehenden CW-Profile oben fixiert. Beim Ausrichten hilft die Wasserwaage.

27 Damit ist auch der Drempel fertig zum Beplanken.

28 In der Schräge verfahren Sie folgendermaßen: Zuerst die untere und die obere Tragschiene ausrichten und mit Direktabhängern an den Sparren montieren. Dazu kann man – wieder mithilfe des Meterrisses und im rechten Winkel zu den Giebelwänden – eine Schnur spannen. Kontrollieren Sie zusätzlich – wie im Bild zu sehen – mit Zollstock und Wasserwaage, dass der Abstand zum Drempel immer gleich bleibt.

29 Auch die oberste Schiene wird an der ausgerichteten Schnur entlang montiert.

30 Zur Montage der restlichen Profile spannt man nun einfach in vertikaler Richtung eine Schnur zwischen den äußeren Schienen.

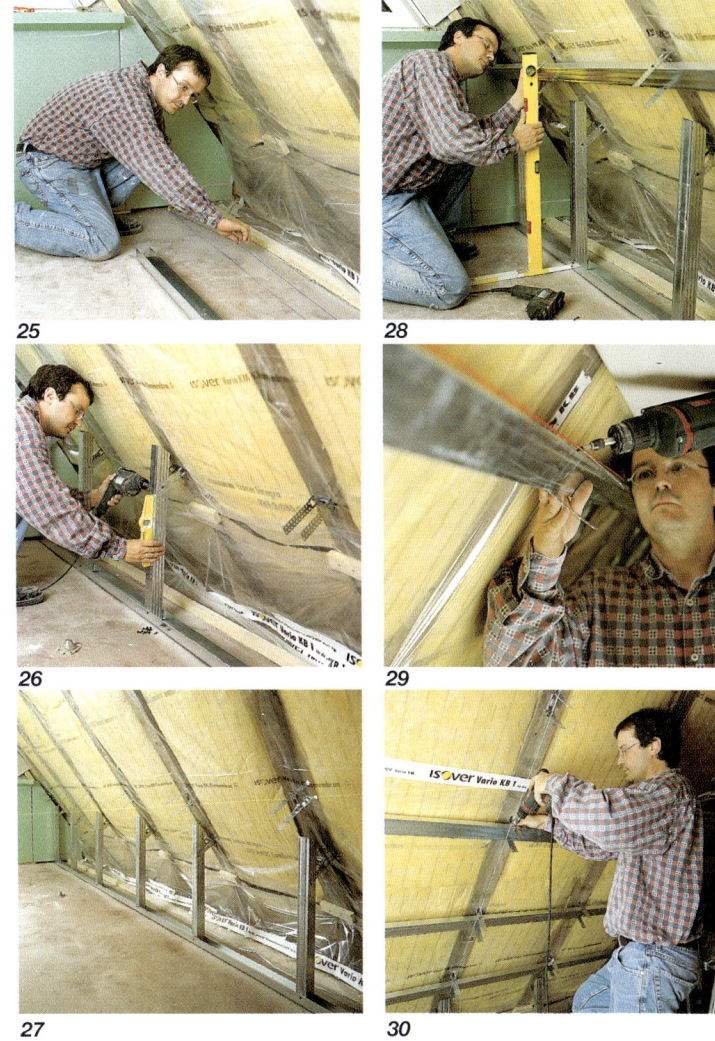

25

28

26

29

27

30

1

2

3

4

5

6

Am Bau greifen immer wieder bestimmte Gewerke ineinander: Hier ist sorgfältige Planung und Koordination nötig. Eine solche Schnittstelle ist die Fertigstellung der Unterkonstruktion.

Jetzt stehen einige Arbeiten an, bevor beplankt werden kann: Rohre und Leitungen für Heizung, Wasser und Elektrik können im Drempelbereich oder innerhalb der Unterkonstruktion verlegt werden, bestimmte konstruktive Vorkehrungen können an den Stellen getroffen werden, an denen später vielleicht schwerere Lasten angehängt werden sollen, noch eine zusätzliche Untersparrendämmung kann eingebracht werden usw.

1 Der Bauherr hatte die Idee, die Fensterbank zu einem kleinen Schreibtisch auszubauen. Der Einbau musste vor dem Beplanken erfolgen, da die Platte auf zwei direkt an den Sparren montierte Winkel aufgelegt werden sollte. Die entsprechend zugeschnittene, 30 cm dicke Multiplexplatte wird nun auf die Brüstungselemente gelegt und unter das Fenster geschoben.

2 Für den Einbau musste die Platte zweiteilig ausgeführt werden. Eine mit der Oberfräse selbst gefertigte Nut-Feder-Verbindung sorgt unter Zugabe von Holzleim für dauerhaften Zusammenhalt.

3 Die Elektroinstallation führte der Fachmann aus. An den Stellen, an denen Dosen und Schalter vorgesehen sind, kann man bereits einzelne Gipsplatten montieren. Die Flächen dazwischen bleiben allerdings noch frei für die Kabelführung im Drempelraum.

4 Auch für den Heizungsinstallateur wird es nun Zeit. Vor- und Rücklaufleitung wurden vom Heizkörper im darunter liegenden Zimmer durch die Decke nach oben geführt. Die Leitungen hat man dann ebenfalls hinter der Drempelwand zur Heizung gelegt.

5 Wann immer möglich sollte man den Raum zwischen den Latten oder Schienen für eine zusätzliche Untersparrendämmung nutzen: Eine großzügig ausgelegte Dämmung spart Energie und verhindert im Sommer das aus älteren Dachwohnungen bekannte und gefürchtete Barackenklima. Die Schenkel der Direktabhänger kann man abschneiden oder wie hier umknicken: So geben sie den Dämmfilzmatten zusätzlichen Halt.

6 Das Dachstudio nimmt Formen an. Das Anschrauben der Gipsplatten geht recht zügig und macht Spaß, weil man schnell große Fortschritte sieht. Erleichtern Sie sich die spätere Spachtelarbeit, indem Sie die Schnittkanten leicht anschrägen, damit die Spachtelmasse den nötigen Halt findet.

7 Die Längskanten sind bei Gipskartonplatten bereits werksseitig abgerundet. In der Regel braucht man beim Verspachteln der Fugen und Schraubstellen mindestens zwei Arbeitsgänge. Nach dem Vorspachteln und Trocknen werden alle Spachtelstellen noch einmal fein mit der Glättkelle überarbeitet. Eventuelle Grate an den fertigen Spachtelstellen können mit einem Reibebrett oder Schleifklotz nachbehandelt werden.

8 In die Anschlussfugen zum Drempel und zur Decke sollten Sie einen so genannten Papierfugendeckstreifen einarbeiten. Er hilft bei einer homogenen Eckausbildung und wirkt Rissen entgegen.

9 Für Außenecken empfiehlt sich der Einsatz von Eckschutzschienen aus Metall, die man auch ganz einfach einspachteln kann.

7

8

9

10

11

12

Die Ausbauarbeiten nähern sich dem Ende: Zwischenzeitlich ist das Dachstudio tapeziert. Da der vorhandene Boden große Unebenheiten aufwies und zudem die zur Verstärkung eines Deckenbalkens notwendigen Stahlträger überdeckt werden mussten, bot sich ein Dielenboden auf Lagerhölzern an. Für die Unterkonstruktion wählte man ein neues System, das die Nivellierungsarbeit sehr erleichtert.

10 Die zu diesem „Catstep"-System erhältlichen Lagerhölzer sind mit einer Reihe durchgehender Bohrungen versehen. In diese schlägt man Krampen mit einem Innengewinde, in das anschließend so genannte Fußbodendistanzschrauben eingeschraubt werden. Die großen Schraubenköpfe, die später auf dem Unterboden aufstehen, besitzen einen Schaumstoffkern, der eine hervorragende Trittschalldämmung gewährleistet.

11 Nun werden die Lagerhölzer im Abstand von maximal 50 cm aufgestellt und auf die erforderliche Höhe ausgerichtet.

12 Das Ausrichten ist denkbar einfach: Die Schrauben haben an der Spitze eine Inbusaufnahme. Ein

passender Schraubaufsatz wird mitgeliefert. So können Sie die Schrauben einfach durch die Bohrungen von oben heraus- oder eindrehen, bis das Lagerholz die gewünschte Höhe hat. Bis zu 3,5 cm Höhenausgleich sind so möglich. Bringen Sie zunächst durch Drehen an den jeweils äußeren Schrauben das Lagerholz auf die richtige Höhe und in die Waage und passen Sie dann die dazwischen liegenden Schrauben an.

13 Wenn die äußeren Lagerhölzer ausgerichtet sind, werden mithilfe einer Richtlatte die dazwischen liegenden in die Waage gebracht. Das „Catstep"-System bietet einen weiteren Vorteil: Falls erforderlich können im Freiraum unterhalb der Lagerhölzer Leitungen oder Rohre verlegt werden.

14 Um späteres Knarren zu vermeiden, werden nun Rollenkork-

Profitipp

Damit Sie die Lagerhölzer nach dem Ausrichten nicht versehentlich verschieben oder umwerfen, schrauben Sie einfach quer über mehrere Lagerhölzer hinweg provisorisch einige Dachlatten auf.

streifen auf die Hölzer getackert. Dann legt man die Zwischenräume mit Mineralfasermatten aus.

15 Die Dielen, die umlaufend Nut und Feder besitzen, werden endlos verlegt: Das Reststück einer Reihe dient als Anfangsstück der nächsten. So bleibt der Verschnitt gering. Lassen Sie sich für das Ausrichten der ersten Reihe Zeit und arbeiten Sie genau. Um dabei stabile Verhältnisse zu haben, kann man, wie hier zu sehen, provisorisch einige Dielen ineinander fügen. Rundum muss mit Distanzklötzen eine Dehnungsfuge von ca. 15 mm gesichert werden.

16 Die erste Dielenreihe schraubt man randnah von oben fest, die folgenden Reihen werden dann nur noch durch die Feder mit den Lagerhölzern verschraubt.

17 Zum Ineinanderfügen der Dielen benutzt man Schlagklotz und Gummihammer.

18 Zum Ablängen der Dielen ist eine Kappsäge unbedingt zu empfehlen. Man kann solche Geräte auch mieten. Für Ausklinkungen und Längsschnitte benötigen Sie eine Stichsäge.

13

16

14

17

15

18

19 Die Stirnkanten der Dielen werden verleimt. Dazu gibt man den Leim am besten auf die untere Nutwange.

20 Zum Beischlagen oder -ziehen im wandnahen Bereich ist ein solches Zugeisen hilfreich.

21 Jede Diele muss mit den einzelnen Lagerhölzern verschraubt werden. Dazu verwendet man am besten Spezialschrauben mit Bohrspitze, die ein Vorbohren überflüssig machen. Setzen Sie die Schraube in einem Winkel von 45° in der Ecke der Feder an und schrauben Sie sie so tief ein, dass der Kopf nicht mehr vorsteht.

Falls die Dielen nach dem Ineinanderfügen mit dem Schlagklotz noch kleine Fugen aufweisen, kann man vor dem Verschrauben ein Stecheisen leicht in das Lagerholz einschlagen und es als Hebel benutzen.

22 Die letzte Dielenreihe vor einer Wand muss in der Regel eingepasst werden. Die genaue Schnittlinie lässt sich dabei so ermitteln: Legen Sie eine Diele umgekehrt – mit der Nutseite zur Wand – bündig auf die vorletzte Reihe und eine weitere genau auf den gewünsch-

ten Wandabstand (Dehnungsfuge berücksichtigen!). Nun können Sie die Schnittlinie genau markieren.

23 Beim Zuschnitt mit der Stichsäge ist eine absolut gerade Schnittkante kaum zu erzielen. Da die Kante aber später unter der Fußleiste verschwindet, ist dies kein Problem.

24 Wie die erste Reihe, so wird auch die letzte randnah von oben auf die Lagerhölzer geschraubt oder genagelt. Falls möglich sollte man auch die Schrauben bzw. Nägel so setzen, dass Sie später unter der Fußleiste verschwinden.

25 Zur Montage der Fußleisten gibt es spezielle Clips, die eine verdeckte Befestigung ermöglichen. Diese werden einfach in der Wand verdübelt. Da die Leisten nur aufgesteckt werden, kann man sie jederzeit auch wieder beschädigungsfrei lösen – zum Beispiel, um im ausgefrästen Bereich der Leiste ein Lautsprecherkabel oder Ähnliches zu verlegen.

26 Der hier verlegte Dielenboden aus Kempasholz ist wohnfertig geölt und braucht nach dem Verlegen deshalb nicht mehr versiegelt zu werden.

22

23

24

25

26

Das fertige Dachstudio

Traumbad unterm Dach

Material
Flächenabdichtung, Dichtungsband, Fliesenkleber, Fugenmörtel, Fliesen, Sanitärsilikon, Porenbetonplatten, Spiegelkleber

Werkzeug

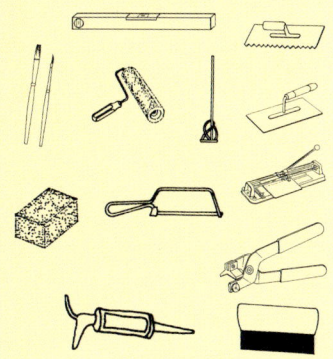

Schwierigkeitsgrad

Kraftaufwand

Arbeitszeit
Für ein 15 m² großes Bad brauchen Sie etwa 5 Tage.

Ersparnis
Mit den Vorbereitungsarbeiten sparen Sie rund 1000 €.

Der Badausbau im Dachgeschoss ist in der Regel nicht vollständig in Eigenleistung möglich: Nur erfahrene Heimwerker sollten sich an Installationsarbeiten heranwagen. Schließlich kann eine einzige undichte Stelle schlimme Folgen haben. Außerdem bleibt für den Bauherren noch genügend Arbeit übrig, wenn die Leitungen verlegt sind. Anspruchsvolle Arbeiten, die Sie sich ruhig zutrauen dürfen, sind das Setzen der Sanitärobjekte und das Erstellen eines Fliesenbelags. Natürlich ist auch hier entsprechendes Know-how unerlässlich.

1 Da Fliesenbeläge aufgrund ihrer Fugen nicht wasserdicht sind, müssen zunächst alle Bereiche, von denen aus Nässe in den Baukörper eindringen kann, mit einer Abdichtung geschützt werden. Bei den anderen Flächen reicht die Behandlung mit einer Grundierung. Die hier verwendete Abdichtung wird mit der Rolle in zwei Durchgängen aufgetragen.

2 Zwischen den beiden Durchgängen werden Innenecken zusätzlich mit einem speziellen Dichtungsband geschützt, das man sorgfältig mit einem Pinsel in die Flächenabdichtung einarbeitet.

1

2

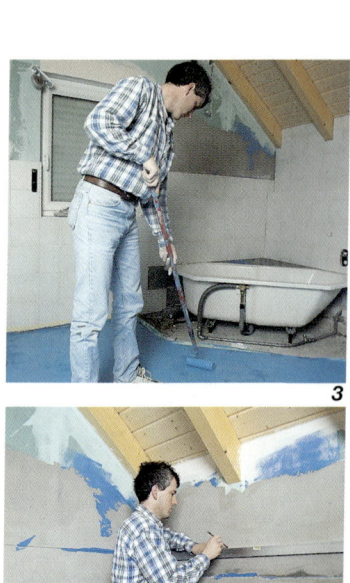

3

4

5

6

7

8

3 Auch der Boden im Bad sollte auf diese Weise abgedichtet werden.

4 Ist die Abdichtung trocken, können Sie mit dem Verlegen der Wandfliesen beginnen. Für besonders gute Haftung sorgt eine so genannte Kratzspachtelung der Belagsfläche mit dem eingesetzten Fliesenkleber: Dabei wird der Kleber in einer dünnen Schicht mit der Glättkelle aufgekratzt. Als Erstes teilt man den Fliesenbelag ein. Ermitteln Sie dazu das Fliesenmaß (= Fliesenformat + Fugenbreite) und teilen Sie die beiden Verlegeachsen durch das Ergebnis. Den verbleibenden Rest halbiert man und erhält so an beiden Enden der Belagsfläche einen gleich großen Reststreifen. Auf diese Weise können Sie auch Teilflächen symmetrisch gestalten. Bei Nischen und Wandvorsprüngen sollten Sie an Außenecken möglichst ganze Fliesen stoßen, während sie in Innenecken auch Streifen verlegen können. Achten Sie insbesondere darauf, dass nirgends ein Versatz im Fugenverlauf entsteht.

5 Wenn die Planung steht, können Sie den Fliesenkleber auf eine nicht zu große Teilfläche aufziehen und mit dem Zahnspachtel durchkämmen. Achtung: Die Zahngröße hängt vom Format und Gewicht der verwendeten Fliesen ab.

6 Verlegen Sie zunächst eine Reihe, wobei Sie besonders auf einen waagerechten Verlauf und gleiche Fugenabstände achten sollten. Wer will, kann hier als Hilfe so genannte Fugenkreuze verwenden, die man einfach als Abstandhalter zwischen die Fliesen drückt. Setzen Sie jede einzelne Fliese vorsichtig an und drücken Sie sie unter leichtem Schieben ins Kleberbett, sodass sich der Kleber gut an die Fliese anlegt. Bei den nächsten Reihen empfiehlt sich das folgende Vorgehen: Kleben Sie zunächst Anfangs- und Endfliese der Reihe auf. Spannen Sie dann eine Gummischnur über die Kanten dieser Fliesen, sodass Sie die dazwischen liegenden Fliesen leicht ausrichten können. Spezielle Gummischnüre mit Fliesenecken sind im Handel erhältlich.

7 Zum Zuschnitt der Fliesen benötigt man einen Fliesenschneider, links im Bild, zur Bearbeitung der Fliesen für Rohrdurchlässe u. Ä. ist eine Fliesenbrechzange sinnvoll. Für größere Rohrdurchmesser gibt es spezielle Kreisschneider.

8 Dekorteile wie diese Bordüre werden in der Regel ganz zum Schluss verlegt. Sie können direkt mit dem Fliesenkleber bestrichen und dann aufgeklebt werden.

9 Vor dem Verlegen der Bodenfliesen musste im hier gezeigten Fall noch eine Wannenschürze gefertigt werden. Mit Porenbetonplatten aus dem Baumarkt geht dies recht einfach. Für den Zuschnitt eignet sich eine normale Bügelsäge.

10 Längen Sie die Porenbetonplatten so ab, dass sie hinter den Wulst des Wannenrands reichen. Dann verspachteln Sie die neue Schürze mit Fliesenkleber.

11 Bei der Belagseinteilung und beim Verlegen am Boden gehen Sie genauso vor wie an der Wand. Nach dem Aushärten des Klebers kann der Fliesenbelag verfugt werden. Bringen Sie den Fugenmörtel abschnittweise auf, und führen Sie den Fugenwischer oder das Fuggummi mehrfach schräg über die Fugen, sodass der Mörtel satt eingeschlämmt wird. Wenn er etwas angezogen hat, können Sie mit einem feuchten Schwamm vorsichtig die Rückstände auf den Fliesenflächen entfernen.

9

10

11

12

13

14

12 Innenecken und Fugen zu angrenzenden Bauteilen werden nicht mit Fugenmörtel, sondern mit Silikon dauerelastisch versiegelt, damit es nicht zur Rissbildung kommt. Dazu benötigen Sie eine Kartuschenspritze. Achten Sie darauf, im Feuchtraumbereich fungizid eingestelltes Sanitärsilikon zu verwenden. Sind die Fugen zu tief, sollten Sie sie mit einer speziellen Schaumstoffschnur hinterfüllen, damit die Elastizität des Silikons nicht durch den großen Anhaftungsbereich verloren geht. Wichtig ist, dass der auszufugende Bereich trocken, fest und fettfrei ist. Wenn Sie wenig Übung im Umgang mit der Kartuschenspritze haben, empfiehlt es sich, die Fugenränder vorher mit Malerband abzukleben. Bringen Sie das Silikon in einem möglichst gleichmäßigen, nicht zu dicken Wulst auf. Anschließend können Sie die Fuge mit dem spülmittelbenetzten Finger oder einem geeigneten Gegenstand modellieren und dabei gegebenenfalls überschüssige Masse wieder aufnehmen.

13 Ein in den Fliesenbelag integrierter Spiegel wirkt sehr schick, besonders wenn er wie hier von einer Bordüre umrahmt wird. Die Befestigung kann mit Spiegelhaltern erfolgen, man kann den Spiegel aber auch ankleben. Wichtig ist dabei, dass man ihn nicht vollflächig mit dem Untergrund verklebt, weil er sonst mit der Zeit blind wird.
Am besten verwenden Sie zum Ankleben des Spiegels einen speziellen Kleber. Bringen Sie ihn nur in senkrechten Streifen auf, damit der Bereich hinter dem Spiegel ausreichend hinterlüftet wird. Beim Ansetzen des Spiegels muss aus dem gleichen Grund unbedingt rundum eine Fuge berücksichtigt werden. Sichern Sie diese mit Abstandsklötzchen aus Kunststoff, mit denen der Spiegel zugleich etwas verkeilt wird.

14 Vor der Montage sollte man keramische Sanitärobjekte wie Waschtische und WCs an den ausgeformten Wand- oder Bodenanschlüssen ebenfalls mit einer dauerelastischen Masse versehen. Das geht mit Silikon, das allerdings dazu neigt, bei nicht genauem Ansetzen zu verschmieren. Stattdessen können Sie auch Sanitärkitt verwenden, der in dieser Hinsicht wesentlich unproblematischer ist. Sanitärkitt wird auch zum Eindichten der Armaturen und der Ablaufrosette verwendet.

Wo finde ich was?

Abdichtung 91ff.
Abhängesysteme 19
Abwasserleitungen 9, 45
Anschlussbereiche 33
Anschlussfugen 39, 85
Ansetzgips 18, 81
Aufsparrendämmung 30
Außenecken 85
Auswechslung 64
Badausbau 44, 90
Baugenehmigung 8, 63
Bauvorschriften 8
Belagseinteilung 93
Beplanken 82, 84f.
Boden 20, 86ff., 92
Bodenaufbau 52, 54, 86ff.
Bodenbelag 52, 92
Brandschutz 8
Brandschutzklassen 16
Brüstungselemente 81
Catstep-System 86
Dachdämmung 30, 53, 84
Dacheindeckung 14, 65, 77
Dachflächenfenster 23, 62ff.
Dachformen 7, 73
Dachkonstruktion 7
Dachstuhl 15
Dämmfilz 48, 53, 79, 85
Dämmplatten 35
Dämmstoff 16, 32, 53, 79,
Dämmung 12, 14, 30, 34f., 48,
  53, 57, 75, 77ff., 84f.
Dampfbremse 78ff., 80f.
Dampfsperre 31, 33, 49, 65, 73f.
Decke 19, 35, 38, 59, 74, 82
Deckenbekleidung 38
Deckendurchbruch 59
Dehnungsfuge 87
Dekorputze 26
Dielen 27, 52, 86ff.
Diffusion 79f.
Diffusionswiderstand 80
Drempel 82
Dünnbettmörtel 21, 42
Elektroinstallation 9, 84f.
Entwässerung 9, 45
Estrich 41
Fenster 12, 22, 62ff.
Fensterbank 84
Fensterfläche 7, 63
Fertiggauben 23

Feuchtraumplatten 18
Feuerschutzplatten 18
Fliesen 26, 27, 91ff.
Fliesenbelag 91ff.
Fliesenkleber 92f.
Fliesenzuschnitt 93
Fließestrich 41
Fugen 94
Fugenmörtel 93
Fugenspachtelmasse 18, 20
Fußbodenaufbau 41
Fußbodendistanzschrauben
  86f.
Fußbodenverlegeplatten 20
Fußleisten 88
Gauben 12, 22, 23
Gebälk 14
Giebelfenster 22, 63
Giebelwand 14, 43, 75, 81f.
Giebelwände verputzen 43
Gipsfaserplatten 18
Gipshaftputz 43
Gipskarton 18, 34, 36, 66ff.,
  72ff., 85
Gipsplatten 18, 34, 36, 66ff.,
  72ff., 82, 85
Grundlattung 82
Grundputz 43
Hartschaum-Dämmstoffe 16
Hartschaumplatten 20, 68,
Hausentwässerung 9, 45
Heizung 10, 84
Heizungsinstallation 10, 84f.
Heizungssysteme 10f.
Holzbalkendecke 57
Holzfaserplatten 17, 20, 35, 56
Holzspan-Verlegeplatten 48, 52
Holzunterkonstruktion 39, 48
Holzweichfaser-Dämmplatten 52
Holzwolle-Leichtbauplatten 17,
  20
Innendämmung 34
Innenecken 91, 94
Innentür 71ff.
Installation 10, 12, 44f., 84,
  91
Kalksandstein 42
Kaltdach-Prinzip 31
Keramische Beläge 26
Klemmfilz 32, 48, 53, 79
Kratzspachtelung 92

Kunststoff-Abwasserrohre
  45
Kunststoffboden 27
Kunststoffrohre 10
k-Wert 16, 79
Lagerhölzer 86f.
Laminat 27
Lattenunterkonstruktion 48
Lautsprecherkabel 88
Leichtbetonsteine 21, 67ff.
Luftschalldämmung 52
Massivdecke 55, 57
Massivholzdielen 27, 52, 86ff.
Mauermörtel 21
Mauern 21, 42
Mauersteine 21, 42
Metallprofile 18f, 38f, 68ff., 75,
  82f.
Metallunterkonstruktion 19,
  39, 82f.
Mineralfaser-Dämmstoffe 16
Mineralwolle 32, 79
Montageschaum 71
Mörtel 21
Nassausbau 21
Paneele 26, 50
Parkett 27
Perlcon-Board 20
Porenbeton 21, 42, 93
Profilholz 26, 50, 51
Putz 43
Randdämmstreifen 20, 52, 56
Sanidach-System 78, 80
Sanitärinstallation 9, 44f.
Sanitärkitt 95
Sanitärobjekte 45, 91, 95
Schädlingsbefall 14
Schalldämmmaß 40
Schalldämmung 7, 52, 54ff., 67
Schallschutz 8
Schiebetüren 40
Schnellbauschrauben 38, 68,
  75
Schnellbauschrauber 82
Schnittkanten 36
Silikon 95
Spachtelmasse 85
Spiegel 95
Spiegelkleber 95
Spiegelmontage 95
Spindeltreppe 58ff.

Spitzbodenausbau 76ff.
Ständerwände 40, 67ff.
Ständerwerk 40
Steigungshöhen 59
Tapeten 26
Tauwasserbildung 30
Teppichboden 27
Traglattung 82
Tragständer 44
Trennwand 40, 66ff.
Trennwandkitt 18
Treppe 7, 12, 24, 58ff.
Trinkwasserleitungen 9, 45
Trittschalldämmung 41, 52,
  54ff.
Trockenausbau 10
Trockenbausysteme 18, 20
Trockenbautechnik 36, 40
Trockenbauwände 67ff.
Trockenestrich 18, 41, 55ff.,
  75
Trockenputz 12, 34, 38, 81
Trockenschüttung 16, 20, 55f.,
  75
Tür 25, 68f., 70ff.
Türblätter 25
Türmontage 70ff.
Unterboden 12, 48
Unterdeckbahn 79
Unterkonstruktion 12, 38f., 40,
  50, 55, 73f., 75, 82ff., 86f.
Untersparrendämmung 84f.
Verbundelemente 17
Verbundplatten 18, 34
Verfugen 93
Verputzen 12, 21, 43, 81
Verspachteln 68f, 74f., 85
Vorsatzschale 34, 38, 75
Vorwandinstallation 44
Vorwandmodule 44
Wandbekleidung 26, 38, 50
Wärmedämmung 7, 16, 30
Wärmeschutz 8, 79
Wärmeschutzverordnung 79
Wasserinstallation 9, 84
Werkzeuge 28
Zelluloseplatten 20
Zementestrich 41
Zwischensparrendämmung 30,
  78
Zwischenwände 12, 40

Abbildungsverzeichnis

Die folgenden Firmen haben Bildmaterial für dieses Buch zur Verfügung gestellt. Da sie damit zur Gestaltung dieses Buchs beigetragen haben, danken wir Ihnen für diese freundliche Unterstützung.

Arbeitsgemeinschaft Holz e. V.
Rather Str. 49 a, 40476 Düsseldorf
26 (1)

Dörken
Wetterstr. 58, 58313 Herdecke/Ruhr
31 (1), 33 (3)

Daniel J. Edelmann GmbH
Bettinastr. 64, 60325 Frankfurt/Main
17 (1), 31 (1)

Erfurt
Hugo-Erfurt-Str. 1, 42391 Wuppertal
26 (1)

Fels-Werke
Postfach 1460, 38604 Goslar
17 (1), 35 (1)

Fischerwerke
72178 Tumlingen/Waldachtal
20

Glunz
Glunz Dorf, 59063 Hamm
54-55, 57

H. Henselmann GmbH & Co. KG
Postfach 201320, 79753 Waldshut-Tiengen 35 (1)

Hebel AG,
Industriegebiet, 82275 Emmering
21 (1), 42

Henke Treppenwerke
Am Hafen 3–5, 32312 Lübbecke
24 (1), 58, 61

Homann Dämmstoffwerk
Gewerbegebiet, 06536 Berga
17 (1), 35 (1)

IVH Industrieverband Hartschaum
Postfach 103006, 69020 Heidelberg
32 (1), 35 (1)

Knauf Westdeutsche Gipswerke
Postfach 10, 97346 Iphofen
6, 8 (1), 19 (4), 33 (3), 34, 36-38, 40, 41 (1), 43, 66–69, 72–75, 81–83, 85, 90–94

Marley
Postfach 1140, 31515 Wunstorf
9 (1), 11 (1), 44 (1) 45

Mea Meisinger
Postfach 1220, 86543 Aichach
23 (1)

Carl Ed. Meyer
Berner Str. 55, 27751 Delmenhorst
27 (1)

Moderne Bauelemente
Postfach 103120, 28031 Bremen
22 (1), 25 (1)

Osmo
Hafenweg 31, 48033 Münster
46–53, 86–89

Perlite
Postfach 103064, 44030 Dortmund
17 (1), 19 (1), 32 (1)

RÆ Redaktionsbüro
Hauptstr. 73, 66482 Zweibrücken
7, 8 (1), 13, 14, 15, 22 (2), 25 (1), 39, 56, 59, 60, 63–64, 76–77, 84

Roto Frank AG
Postfach 100158
70771 Leinfelden-Echterdingen
23 (1), 62

Saint-Gobain Isover G+H AG
Dr.-Albert-Reimann-Str. 20
68526 Ladenburg
8 (1), 16, 30, 78-80

Sakret
Otto-von-Guericke-Ring 3
65205 Wiesbaden
21 (1)

SMS GmbH
Weberstr. 30, 41334 Nettetal
9 (1), 44 (4)

Stiebel Eltron
Dr.-Stiebel-Str., 37603 Holzminden
11 (1)

Südholz Türen GmbH & Co.
Friedrich-Schüle-Str. 4
85619 Feldkirchen
70–71

Texact Thomas Latzke
Wilhelmstr. 48–50, 53879 Euskirchen
25 (1), 65

Treppenmeister Partnergemeinschaft
Ringstr. 4–6, 71131 Jettingen
24 (1)

Ultrament
Postfach 230150, 45069 Essen
19 (1)

Viessmann Werke
Viessmannstr. 1, 35107 Allendorf
11 (1)

ZEG
Schwieberdinger Str. 28
70435 Stuttgart
27 (1)

Ziegelwerk Gebrüder Laumanns
Stiegstr. 88, 41379 Brüggen
21 (1)